企业重组实务

法财税处理、全流程操作与经典案例分析

黄　玲　马迎迪　著

人民邮电出版社

北　京

图书在版编目（CIP）数据

企业重组实务 ：法财税处理、全流程操作与经典案例分析 / 黄玲，马迎迪著. -- 北京 ：人民邮电出版社，2024.2
ISBN 978-7-115-62953-1

Ⅰ．①企… Ⅱ．①黄… ②马… Ⅲ．①企业重组—财税—基本知识—中国 Ⅳ．①F812.423

中国国家版本馆CIP数据核字(2023)第207536号

内 容 提 要

很多企业希望通过重组来开拓市场、扩大经营、盘活资产等，但不少工作人员却缺乏实战经验。本书根据作者对上百家企业在重组实践中形成的知识和经验的积累汇总而成，书中将不同的重组方式采用的方法、流程、内容等，以图表并用的形式进行讲解，可以让拟利用重组实现商业意图的企业掌握重组精髓，并运用在实践中，是一本重组理论与实战相结合的工具书。

本书共12章。第1章至第3章主要讲述了重组给企业带来了什么、能解决什么问题以及如何实现企业重组。第4章至第11章以重组流程为主线，重点讲述重组每个阶段工作的主要内容及操作指引。第12章则对重组过程中遇到的常见问题的解决方法、操作难点、不同的政策观点做了详细介绍。

本书主要面向拟通过企业重组来实现商业意图的企业家、股东、债权人，以及操盘企业重组的相关人员阅读和参考。

◆ 著　　　　黄　玲　马迎迪
　　责任编辑　刘　姿
　　责任印制　周昇亮
◆ 人民邮电出版社出版发行　　北京市丰台区成寿寺路 11 号
　　邮编　100164　　电子邮件　315@ptpress.com.cn
　　网址　https://www.ptpress.com.cn
　　北京天宇星印刷厂印刷
◆ 开本：700×1000　1/16
　　印张：14　　　　　　　　　2024 年 2 月第 1 版
　　字数：265 千字　　　　　　2025 年 10 月北京第 3 次印刷

定价：79.80 元

读者服务热线：(010)81055296　印装质量热线：(010)81055316
反盗版热线：(010)81055315

前 言
▼

在 2021 年一场法财税融合的培训班上，一位中小企业家学员提出想将自己的企业重组，但找不到与其企业规模相当的企业重组资料，也找不到与其重组目的相同的重组案例，而大多数书中及网络中介绍的都是大型国有企业或者上市公司的重组案例。这位企业家来这一培训班培训是希望找到有中小企业重组经验的专业人士。

我们认真分析了这位企业家的诉求，相关业务只是我们协助企业进行重组的日常业务，但实际中仍有许多企业家对企业重组不知如何着手。如何让中小企业家也能够学会利用企业重组来解决企业问题呢？这给我们提出了新的课题。

经过讨论，我们一致认为如果能出一本关于企业重组流程的书，系统介绍企业重组的意义、流程、实务操作的难点，那么就可以让更多中小企业家了解企业重组的具体操作方法。

我们这一写作小组由重组经验丰富的咨询师、注册会计师、税务师、律师及评估师组建而成，将企业重组涉及的环节进行分解，由小组成员分别收集案例，整理文书和政策以及重组方案等资料，再统一创作。

本书的编撰力求客观、清晰描述重组过程中的常见环节，对在企业重组中遇到的特殊问题也介绍了解决思路。历时两年，本书终于可以与读者见面了。希望更多的中小企业家能借助本书通过重组改善企业现状，盘活资产，发展壮大。

本书特色

（1）清晰易懂、案例丰富。

读者拿到本书后，能够看得懂、学得会、用得上。本书通过大量改编后的真实案例来说明重组流程的各个环节，以及各环节中的重点内容。

（2）立足实战、模板齐全。

本书把大量复杂的流程理念变成能在工作中直接应用的、简单的方法，并以模板化的方式呈现出来，便于读者参考。本书介绍的流程都是作者立足实战总结出来的经验，讲述了实务操作中可能会遇到的问题。

（3）知识点足、实操性强

本书总结了企业重组实操过程涉及的大量知识点，并通过表格、图例来说明，帮助读者快速掌握并运用于实践。

内容介绍

本书共有 12 章，主要介绍企业重组的基本常识，企业重组如何帮助企业实现战略规划、盘活资产、降本增效，企业重组流程的每个阶段的详细说明，以及重组过程中的操作难点、重点和注意事项，具体内容如下。

第 1 章主要介绍了重组备受国家重视的原因，还介绍了适用重组的企业类型，以及企业重组的法财税政策体系。

第 2 章是本书的核心部分，以案例引出企业重组能够解决的问题。企业重组可以帮助企业开拓市场，形成规模发展，更是在盘活资产、融通资金、合规经营、降低成本方面发挥了重大的作用。

第 3 章主要介绍企业重组流程，如何选择重组方式，常见企业重组方式的操作模式等。

第 4 章介绍了重组项目推进中，企业内部各部门的工作重点，以及各部门在重组工作中应如何配合。企业重组需要各部门的精诚合作，确保整个工作的顺利推进。

第 5 章和第 6 章介绍了重组方案制定前的尽职调查工作应该如何开展。尽职调查的内容包括重组各方相关环境、经营状况、股权情况、法律及税务的合规情况、财务状况等各方面的情况，根据重组拟达到的商业意图来确定尽职调查的范围和深度。

第 7 章和第 8 章介绍了重组方案的编制以及重组决议的审批。要确保重组能够解决企业面临的问题，重组方案的编制是重中之重。但重组涉及多个利益主体，如何在重组中权衡利弊，规划好各时间节点，确保重组方案能够以最小的成本换取最大的利益，并顺利通过审批，是重组项目组工作的重心。

第 9 章介绍了重组执行阶段中，企业在各个审批环节要注意的事项。重组各环节紧密相关，一个审批环节出了问题，会影响到下一个审批环节，并拖慢整个重组进程。本章按照审批环节的重要性及顺序展开介绍。

第 10 章和第 11 章主要阐述了重组中财务核算与管控以及涉税方面的内容。在涉税方面，一些企业在实施重组的过程中会形成巨额税款，占用企业的资金，所以第 10 章主要介绍如何利用好国家给予的税收优惠政策，合理合法降低税收成本，确保重组工作的顺利推进。财务核算与管控方面，重组过程会涉及多个会计主体，所以第 11 章主要介绍如何做好重组的账务处理，如实反映重组过程中的财务状况。

第 12 章针对企业重组过程中遇到的难点问题和解决办法做了介绍。这些问题是写作小组在重组业务中实际遇到的，以及被企业家咨询的问题。这些问题若解决不好会导致重组中断或者重组推进速度慢，写作小组对其做了总结，并分享给读者。

专业度

本书作者黄玲为永然法财税（山东）集团有限公司（以下简称永然集团）创始人，黄玲带领团队根据多年重组实战经验和深厚的理论功底撰写此书。

作者供职的永然集团及其子公司专注于运用法财税融合理念，打造合规高效的财税运营体系，帮助企业安全实现盈利。永然集团通过组建法财税融合联合体，建立了运用法财税融合为企业服务的专家人才库，有注册会计师、税务师、律师、评估师、工程造价师、国际内部审计师等专业人才百余人。

永然集团提倡在企业重大决策前，开展税收测算、财务规划、法律保障的讨论。永然集团帮助上千家企业在战略转型、板块分割、企业重组、合作谈判、盘活资产、股权设置的实务操作中，实现合法、合规地提高经营效益，利用税收优惠政策节省各类成本，获得了客户的赞誉。仅在 2020—2022 年就帮助 221 家企业完成重组、股权架构调整、清算等业务，成功实现转型、转产，节税超亿元。

山东永然会计师事务所有限公司（以下简称永然会计）于 1999 年改制组建，是一家专注于财务报表审计、企业重组业务审计等领域的专业服务机构。

永然会计在审计业务中始终坚持"独立、客观、公正"的原则，为客户提供服务，保守秘密，以"专业诚信、敬业和谐"的价值观，认真严谨的工作态度，换来良好的口碑。

读者对象

本书主要面向拟通过企业重组来实现商业意图的企业家、股东、债权人、操盘企业重组的相关人员，能有效指导相关人员完成企业重组操作，能够帮助读者完成企业重组的工作。

很多企业希望通过重组来开拓市场、扩大经营、盘活资产、融通资金、合规经营、降低成本，但由于工作人员缺乏实战经验，难以完成重组。本书以精简的理论结合大量的案例与分析，帮助相关人员掌握重组的具体操作，更好地开展重组工作。

致谢

本书的创作，是在张增强老师、任康磊老师的鼓励下完成的。同时，感谢写作团队的主要成员马迎迪、孙晓鸣、王凤英、王永青、吴秀娟、徐婷婷、李全珍、孙百庆、张蕊、杨秀飞、王梓件、阮彦钧、闫美静、姜铮等注册会计师、律师、税务师、评估师对编写工作的支持。在写作本书过程中，作者充分考虑到企业重组在实践中的应用，本书实用性强、知识面宽，充分体现集体创作的智慧。

目录 ▾

第 3 章　● 　如何实现企业重组

第 6 章　　重组前的法财税尽职调查

第 9 章　重组执行中的审批环节

第 12 章 ● 重组中的难点解析

第 **1** 章

企业重组给企业带来了什么

美国著名经济学家、诺贝尔经济学奖得主乔治·施蒂格勒曾对头部企业描述："一个企业通过兼并其竞争对手的途径成为巨型企业，是现代经济史上的一个突出现象。"

任何一个企业成为行业先锋，不但促进其所在行业的发展，还会成为促进社会进步的推手。而企业重组对企业的做大做强，发挥着至关重要的作用。

1.1 如何看待企业重组

波音公司耗资 133 亿美元兼并美国麦道公司成为世界上最大的飞机制造公司，中核华原钛白股份有限公司通过破产重整起死回生等，众多企业通过重组实现进一步发展、盘活自身。

企业重组是企业生存、发展的重要工具之一，解决了很多看起来难以解决的事情。 在我国，国有企业和中央企业承接了国家众多基础和关键的产业，可以利用重组来提高企业的国际影响力，同时，一些中小型企业也可以通过重组实现扩大规模、盘活资产等目标，因此，国家对重组持鼓励支持的态度。

1.1.1 为何国家这么重视企业重组

企业经营到一定时期，由于社会经济环境和企业战略变化的影响，需要对产品、产权关系、技术及人员等资源进行重新配置和调整，因此会提出企业重组、改革等变革性名词。如果说改革是对人的思想意识形态提出变化要求，那么企业重组则是通过对企业产权、资产等资源的重新配置，以实现企业战略规划的一种手段。

中国经济快速增长，促使企业利用重组扩大产能、集中产业力量、优化产业结构。国家改革开放之际，一批具有国际竞争力的大型企业集团随之诞生。

为保证重组市场的规范和健康发展，国家机构陆续发布了《国务院关于促进企业兼并重组的意见》（国发〔2010〕27 号）、《关于加快推进重点行业企业兼并重组的指导意见》（工信部联产业〔2013〕16 号）、《财政部　国家税务总局关于企业重组业务企业所得税处理若干问题的通知》（财税

〔2009〕59号）、《国家税务总局关于纳税人资产重组有关增值税问题的公告》（国家税务总局公告2013年第66号）等文件，不但对企业重组促进企业发展提出具体指导意见，而且通过实实在在的税收优惠政策也能看到国家鼓励企业重组的态度。

那么企业重组包括哪些行为？人们对企业重组包括的行为一直有着较多的争议。根据大多数人的理解，重组的概念有广义与狭义之分，详见表1-1。

表1-1 重组的概念

序号	维度	概念
1	广义	企业重组是企业之间或者企业内部通过对资源的再配置，促进企业发展、降低成本，推动社会进步的过程。其不仅包括企业之间的产权重组、资产重组，还包括业务重组、流程重组
2	狭义	企业重组主要是企业之间发生的法律结构或经济结构重大改变的交易，也包括企业自身发生的重大结构调整。如企业的改制上市、兼并、债务重组、破产重整，企业法律形式改变、股权收购、资产收购、合并、分立等

在国家的法律、税收和财务等法律法规中，也能找到与企业重组相关的一些法条规定以及相关解释，表1-2所示为法律法规关于企业重组的解释。

表1-2 法律法规关于企业重组的解释

序号	角度	说明
1	从法律层面看	企业重组应该是指企业之间为重新配置产权、债权债务等关系而展开的活动。在2018年修改后的《中华人民共和国公司法》（简称《公司法》）中有关于合并与分立的规定
2	从税收层面看	在财税〔2009〕59号（《财政部 国家税务总局关于企业重组业务企业所得税处理若干问题的通知》）文件中关于企业重组的定义为"企业在日常经营活动以外发生的法律结构或经济结构重大改变的交易，包括企业法律形式改变、债务重组、股权收购、资产收购、合并、分立等"
3	从财务层面看	财政部在企业会计准则中明确了企业合并、债务重组、长期股权投资、非货币性资产交换等方式的定义，对企业重组并未做出具体的规定。实务操作中则根据企业会计准则的一般原则进行相关的处理

1.1.2 适用重组的公司制企业类型

企业是市场经济活动的主要参加者，是国民经济的细胞。人们消费的商品和服务，大多是由企业提供的。企业可以分为公司制与非公司制两种类型。这些企业都会涉及重组，重组业务发生最多的是公司制企业。

公司是现代企业主要的、典型的组织形式，是指其资本由股东出资构成，股东以其认缴的出资额或者认购的股份为限对公司承担责任，公司以其全部资产对公司债务承担责任，并依法设立的企业法人。我国现行公司法规定的公司类型是有限责任公司和股份有限公司两种，这两种公司的异同点具体见表 1-3 和表 1-4。

表 1-3　有限责任公司和股份有限公司的异同点（一）

序号	公司类型		股东	股本	股份流动性	股东（大）会
1	有限责任公司	普通有限责任公司	2~50 人	通过章程约定持股比例	流动性较弱。股东之间可以相互转让股份，对外转让须经其他股东过半数同意，但允许在公司章程中进行特别约定	应当设立
2		一人有限责任公司	1 人	—	—	不设立
3		国有独资公司	国家单独出资	—	—	不设立，由国有资产监督管理机构行使股东会职权
4	股份有限公司		发起人 2~200 人，股东人数不限	等额拆分，一股一权，股东以其所认购持有的股份，享受权利，承担义务	流动性较强。除特殊情况外，股东可以自由转让股份	应当设立

表1-4　有限责任公司和股份有限公司的异同点（二）

序号	公司类型		董事会	董事长产生办法	监事会
1	有限责任公司	普通有限责任公司	可以设董事会，成员3~13人，可以有职工代表；规模较小或股东人数少时可以不设董事会，只设1名执行董事	公司章程规定	成员不少于3人，其中职工代表比例不低于1/3；股东人数较少或者规模较小的可不设监事会，设1~2名监事
2		一人有限责任公司	可以不设董事会，设1名执行董事即可	—	可以不设监事会，设1~2名监事即可
3		国有独资公司	设董事会，成员3~13人，应当有职工代表	国有资产监督管理机构指定	必设不少于5人的监事会，职工代表比例不少于1/3
4	股份有限公司		应当设立，成员5~19人，可以有职工代表	由董事会以全体董事的过半数选举产生	应当设立，成员不少于3人，其中职工代表比例不低于1/3

　　从表1-3、表1-4中可以看出，公司法对两类公司的规定差异较大，在以下两个方面体现得更为明显。

1. 设定规则的自由度不同

　　上市公司属于公众公司，信息需要向社会公众公开。由于上市公司必须是股份有限公司，所以股份有限公司的限制性规定也更多，规则更为详细明确，旨在保护中小股东权益。

　　有限责任公司在经营中无须对外公布信息，经营更为私密。因此公司法给予有限责任公司股东更多的自主权，部分事项可以由股东在公司章程中自行约定，从而达到同股不同权、不同利的目的。

2. 重组业务开展的手段不同

　　由于股份有限公司中的上市公司是主力军，扩大规模、加强市场地位是重组的主要目标，所使用的重组手段主要是合并、股权收购等，这从上市公司公开信息中就可以看到。

　　有限责任公司所使用的重组手段则更为丰富，除合并、股权收购外，分立、债务重组、公司制改革（股改）、资产划拨、破产重整等也是很常见的重组手段。

1.1.3 适用重组的非公司制企业类型

非公司制企业占我国的企业总量的比例也非常高。非公司制企业包括非法人企业和非公司制企业法人，具体分类见表1-5。

表1-5 非公司制企业

类型			投资主体	法律依据	最高权力者/机构
非法人企业	合伙企业	普通合伙企业	自然人、法人和其他组织	《中华人民共和国合伙企业法》	全体合伙人
		有限合伙企业			
非公司制企业法人	个人独资企业		自然人	《中华人民共和国个人独资企业法》	投资人
	集体所有制企业		城镇、乡村集体	《中华人民共和国城镇集体所有制企业条例》《中华人民共和国乡村集体所有制企业条例》	城镇集体所有制企业为职工（代表）大会；乡村集体所有制企业为乡或者村的农民大会（农民代表会议）或者代表全体农民的集体经济组织
	农民专业合作社		农产品的生产经营者或者农业生产经营服务的提供者、利用者	《中华人民共和国农民专业合作社法》	农民专业合作社成员大会

非法人企业指经工商行政管理机关登记注册，从事营利性生产经营活动，但不具有法人资格的经济组织。非法人企业不具有法人资格，不能独立承担民事责任，所以当企业自身财产不能完全清偿债务时，由出资人承担无限责任。非法人企业主要包括合伙企业与个人独资企业。

非公司制企业法人是指虽然具有法人资格，但未采取公司制的独立核算的、以营利为目的的经济实体，如集体所有制企业、全民所有制企业、农民专业合作社等。

外商投资企业就是出资人中有外国投资者的企业，其组织形式可以选择公司制和合伙企业等。所以外商投资企业既有可能是公司性质的，也有可能是合伙企业性质的。

1.2　企业重组法财税政策体系

企业重组能够解决企业面临的实际问题，但其操作难度大，容易出现理解偏差。国家对企业重组持鼓励态度，所以在税收上给予了一定的优惠。除此之外，《公司法》以及财务核算法律法规也有与企业重组相关的规定。本节将重点介绍关于企业重组的法律法规。

1.2.1　法律如何保障企业重组

企业重组过程中，重组主体以及重组主体的股东都应该确保重组业务依法办理。为了保障企业重组有法可依，国家制定了一系列法律、行政法规、规范性文件等，表1-6简单列出了与本书内容相关的主要法律法规。

表1-6　关于企业重组的法律文件及相关规定

序号	法律法规	效力层级	时间	相关规定
1	《中华人民共和国公司法》	法律	2018年10月26日修正	1.规定了合并、分立前后的债务承担责任，以及操作过程中的一些基本内容 2.规定了股东变动的权力限制以及权力机构审批要求等
2	《中华人民共和国民法典》	法律	2021年1月1日起实施	1.规定了法人合并、分立，债权人和债务人的权利和义务等内容 2.规定了债权人分立、合并或者变更住所等应履行的法定义务
3	《中华人民共和国证券法》	法律	2020年3月1日起实施	第四章对上市公司收购做了详细规定
4	《中华人民共和国劳动合同法》	法律	2012年12月28日修正	规定了用人单位发生合并或者分立等情况，原劳动合同继续有效，劳动合同由承继其权利和义务的用人单位继续履行

序号	法律法规	效力层级	时间	相关规定
5	《中华人民共和国市场主体登记管理条例》	行政法规	2022 年 3 月 1 日起实施	对企业重组过程中需要办理的各种登记事项做了规定
6	《关于做好公司合并分立登记支持企业兼并重组的意见》	规范性文件	2011 年 11 月 28 日公布	1. 指出了企业合并分为吸收合并和新设合并，企业分立分为存续分立和解散分立 2. 指出了合并或分立需要发布公告的，公告 45 天之后，可以同时申请办理设立、变更或注销登记 3. 指出了因合并或分立而存续或新设的企业的注册资本或实收资本可以自行约定

表 1-6 仅列出了法律、行政法规、规范性文件中有关重组的部分条款，同时由于国家会根据立法目的和调整对象的变化对法律法规进行修正，因此应以业务发生时有效的法律法规为准。

1.2.2　企业重组中财务方面的政策规定

财务部门的工作贯穿企业重组全过程，包括重组前的数据整理与提报、重组过程中资产和负债等数据的分割与整合、重组后的账务处理与纳税申报等，这些操作都需要严格遵守国家的法律法规。

财务方面的各种政策规范了企业以及财务人员的行为，并使得重组成果能够通过财务数据客观公允地展现出来。企业重组财务方面的法律法规如表1-7 所示。

表 1-7　企业重组财务方面的法律法规

序号	法律法规	文号	实施时间	主要内容
1	《中华人民共和国会计法》	中华人民共和国主席令第 21 号	（2000 年 7 月 1 日最后一次修订）	1. 明确了会计的第一责任人，并要求企业确保会计资料真实和完整 1985 年 5 月 1 日，会计核算符合法律法规 2. 规定了企业应按国家统一的会计制度进行核算，应对会计凭证、会计账簿、财务会计报告和其他会计资料建立档案等

续表

序号	法律法规	文号	实施时间	主要内容
2	《财政部关于印发〈企业会计准则第1号——存货〉等38项具体准则的通知》	财会〔2006〕3号	2007年1月1日	1.适用于金融保险企业外所有企业，上市公司必须执行该准则，小型企业可以选择使用该准则 2.企业会计准则体系包括具体准则和应用指南
3	《小企业会计准则》	财会〔2011〕17号	2013年1月1日	1.适合符合《中小企业划型标准规定》的小型企业 2.该准则又被称为简化版的企业会计准则，规定的资产计量方法也较为单一（企业只需要考虑历史成本法即可），其他规定也相对简单
4	《会计基础工作规范》	财会字〔1996〕19号	1996年6月17日	1.规定了会计机构及人员的设置和管理规范 2.规定了会计核算全过程的基础工作规范，包括：审核原始凭证、填制记账凭证、设置会计账簿、记账、对账、结账、查账、编制财务报告；建立健全内部会计管理制度；办理会计工作交接；进行会计档案管理等
5	《会计档案管理办法》	中华人民共和国财政部　国家档案局令第79号	2016年1月1日	规定了会计档案的管理、如何有效保护和如何利用会计档案等内容

每个企业在执行国家政策的同时，还会制定更为详细和具体的财务管理制度，建立适合自身运行的财务核算体系。在合并、并购等重组业务中，原来各自使用的财务核算体系将趋于一致。财务人员需要对不同的财务核算体系进行重新整合，统一具体的操作流程，统一具体的核算规则，实现资源的高效配置。

1.2.3　企业重组涉及哪些税收优惠政策

虽然企业重组能够给企业带来巨大的商业利益，但是重组过程中，重组资产、股权的产权发生转移时，企业会面临高额的税费。国家为鼓励企业通过重组实现企业发展，出台了一系列有利于推动企业重组的税收优惠政策。表1-8所示为企业重组涉及的税收优惠政策及主要内容。

表1-8 企业重组涉及的税收优惠政策及主要内容

序号	税种	税收优惠政策	文号	实施时间	政策内容
1	增值税	《国家税务总局关于纳税人资产重组有关增值税问题的公告》	国家税务总局公告2011年第13号	2011年3月1日	规定了通过合并、分立、出售、置换等方式，将实物资产、房产、土地使用权以及与其相关联的债权、负债和劳动力一并转让给其他单位和个人，不征收增值税
2			国家税务总局公告2013年第66号	2013年12月1日	
3		《财政部 国家税务总局关于全面推开营业税改征增值税试点的通知》	财税〔2016〕36号	2016年5月1日	
4	土地增值税	《关于继续实施企业改制重组有关土地增值税政策的公告》	财政部 税务总局公告2021年第21号	2021年1月1日至2023年12月31日	在企业分立、合并等改制重组方式中，分设为两个或两个以上与原企业投资主体相同的企业，对原企业将房地产转移、变更到分立后的企业，暂不征土地增值税
5	契税	《关于继续执行企业、事业单位改制重组有关契税政策的公告》	财政部 税务总局公告2021年第17号	2021年1月1日起至2023年12月31日	在公司分立、合并、划转等方式中，分立后公司承受原公司土地、房屋权属，免征契税
6	印花税	《财政部 国家税务总局关于企业改制过程中有关印花税政策的通知》	财税〔2003〕183号	2003年12月8日	主要规定了以合并或分立方式成立的新企业，其新启用的资金账簿记载的资金，原已贴花的部分不需要再贴花
7	企业所得税	《财政部 国家税务总局关于企业重组业务企业所得税处理若干问题的通知》	财税〔2009〕59号	2008年1月1日	主要规定了符合特殊性税务重组的五个基本条件的，免征企业所得税，以及五个基本条件的具体内容

序号	税种	税收优惠政策	文号	实施时间	政策内容
8	企业所得税	《国家税务总局关于发布〈企业重组业务企业所得税管理办法〉的公告》	国家税务总局公告2010年第4号	2010年1月1日	规定了选择特殊性税务处理的，需要提交的资料以及审批流程等
9		《财政部　国家税务总局关于促进企业重组有关企业所得税处理问题的通知》	财税〔2014〕109号	2014年1月1日	主要对财税〔2009〕59号的具体内容进行了调整
10		《财政部　国家税务总局关于非货币性资产投资企业所得税政策问题的通知》	财税〔2014〕116号	2014年1月1日	规定了以非货币性资产对外投资形成的非货币性资产转让所得，可以递延并入应纳税所得额
11		《国家税务总局关于非货币性资产投资企业所得税有关征管问题的公告》	国家税务总局公告2015年第33号	2014年度（含）起	对财税〔2009〕59号与财税〔2014〕116号如何选择执行进行了解释
12		《国家税务总局关于资产（股权）划转企业所得税征管问题的公告》	国家税务总局公告2015年第40号	2014年度（含）起	规定了资产（股权）划转的几种情形，以及符合减免税政策的条件等
13		《国家税务总局关于企业重组业务企业所得税征收管理若干问题的公告》	国家税务总局公告2015年第48号	2015年度（含）起	规定了哪些属于重组当事人以及适用特殊性税务处理的如何提交相关资料等

第

2

章

企业重组能解决哪些问题

企业每发展到一个阶段，就会面临战略是否调整、产品是否转型、商业模式是否变化等一系列问题。有些问题不解决，可能会使企业陷入进退两难的境地，影响企业的发展，甚至会导致企业走向破产。

企业家决定改变局面时，就需要采用一系列方法，包括资产整合、股权激励等。《提升中小企业竞争力若干措施》指出："鼓励中小企业通过并购重组对接资本市场。"国家鼓励企业通过重组来实现相应目的，并且给予重组业务政策指导、政策优惠，帮助企业渡过难关。正是有了这些政策的支持，企业才可以通过重组实现战略转型、架构调整，提高企业的活力，进一步激发竞争力。

本章主要讲述企业重组能够帮助企业解决哪些问题。企业家应根据企业发展具体目标，谨慎选择适用的企业重组方式。

2.1　开拓市场，扩大规模

企业从创业期走向成熟期，历程与面临的环境都不一样。与创业期要活下去的心态相比，发展期的企业则更关心市场占有率，到了成熟期，企业开始关注产品的升级换代，寻求更长久的发展。战略转型、扩大市场份额、产业链条的延伸，都不断影响着企业管理层的各项决策。

企业如果仅依赖日常的经营管理手段，很难快速做出有利决策，而要做出重大改革的战略决策，就必须了解企业重组这个重要的工具。

2.1.1　通过股权收购延伸产业链条，实现战略扩张

东南环保集团是国内优秀的环境服务投资运营商，致力于为城市和乡镇提供系统级的解决方案和综合环境服务。集团全面布局"危废"及一般"固废"领域，拥有成熟的固废处理技术和丰富的项目经验。

2021 年 12 月初，我国发布了《农村人居环境整治提升五年行动方案（2021—2025 年）》，方案对涉及的污水处理行业加大了财政和政策支持力度。东南环保集团股东会进行战略规划，认为此时进入污水处理行业，可以进一步扩大集团的环保产业领域，形成从固废处理到污水处理的全产业链布局，提升集团整体竞争

力和可持续发展能力。

东南环保集团通过对国内污水处理行业的尽职调查，发现东丽科技公司在污水处理设备制造及技术研发方面均较为成熟，但该公司遭遇资金短缺导致大量债务延期，正在寻找合适的资方。

东南环保集团拟出资 2 亿元以及不超过 25% 的股权收购东丽科技公司全部股份。在与东丽科技公司多次谈判后，东南环保集团向东丽科技公司增资 1 亿元获得其 20% 的股权，并派驻部分人员参与经营。后续两年，如果东丽科技公司经营团队确保公司处于盈利状态，东南环保集团将以自身 20% 的股权以及 1 亿元资金，换购东丽科技公司其余 80% 的股权。

东南环保集团的目的是**延伸产业链条，实现战略扩张**。此次重组操作，不但助力集团快速打开污水处理的市场，又助力集团掌握可控的核心专利技术。

企业发展到一定阶段，可采用并购方式，延伸产业链，整合资源，减本增利。企业通过兼并、资产收购、股权收购等重组手段，可以更快地扩大企业生产经营规模、提升市场地位、开拓全新市场领域，实现战略转型和升级。

成功的兼并有利于企业在业务上占据优势地位，有助于企业得到更多资源，进一步提高市场地位。

2.1.2 利用多种重组手段重建股权架构，实现传承目的

凌云集团公司原本是一家生产烧制砖的小工厂，经过 20 余年的发展，在大股东戚天宇的带领及老一辈核心骨干的打拼下，逐步发展成为集建材生产、家具生产为一体的大型集团公司。

大股东戚天宇持有集团 80% 的股权，想培养儿子戚斌成为集团公司的接班人。女儿戚娟主要从事境外投资业务。戚娟建议自己的父亲将持股公司搭建到境外，并设置信托计划。

负责建材生产的李总认为建材公司拥有多项新型节能材料专利技术，如果能通过股权激励招募技术人才，推进公司转型，独立上市的可能性是非常大的。

咨询公司调查发现，集团公司多年形成的不动产产权关系混乱，各子公司的资产相互交叉，也存在股东未实际出资等情况。这种情况下，建材公司独立上市存在一定障碍。

最终戚天宇决定重新调整公司的股权结构，并将原有的房产所有权、土地使

用权和专利技术等重新进行规划分配。将非经营性资产与产业公司剥离，将与各产业相关的资产划转至各产业板块所属的公司。各板块的相关人员随板块重新安排和调整，减少交叉性的人员安排。同时在子公司内对员工进行股权激励，激励的股权比例达到 35%。

威天宇同时决定将持有的集团公司的 60% 的股权转入境外公司并设置信托计划，将剩余的 20% 股权转入合伙企业（持股平台），由威斌担任普通合伙人，并持有合伙企业 60% 的财产份额。合伙企业其余的财产份额由集团元老以及各板块负责人、高管持有。

确定好新的股权架构目标后，难点就是如何从当下的股权架构转为目标股权架构，并在整个过程中确保低税费、人工成本和时间成本等。最终，咨询公司通过分立、股权转换、非货币性出资等多种重组方式，用了四年的时间，帮助集团公司完成了目标股权架构的搭建。

凌云集团公司通过多种企业重组手段实现**重建股权架构，方便传承及提高股价**。在企业成立初期，创业者往往会利用股权的释放来获取市场、资金、技术等，并获得快速发展企业的机会。但很多创业者并未设置好股东的退出机制，造成股权设置的隐患。

随着企业不断发展，股东的贡献度也会发生变化，可能会出现中小股东的价值越来越大、有些大股东在经营活动中逐渐边缘化的现象，所以需要对股权份额重新调整。有的企业为了绑定有能力、有价值的员工，会再次释放部分股权，这要求企业在做好股权激励的同时，又要确保权力不过度分散。有些企业的大股东继承人过多，需要设置股权信托计划，但又不希望企业的经营决策由数人参与，这也要求企业做好股权架构设置。

综上，企业无论是要实现传承、股权激励还是上市，都需要清晰的股权架构和合法的股权设置。对于以往并未做好股权设置的企业来讲，股权架构的重整就非常重要了。而企业重组是实现股权架构重整的重要手段。企业往往会通过一种或者几种重组方式实现股权架构的重新搭建。

2.1.3　通过公司分立进行板块分割，实现专业化发展

连胜公司经营多年，业务范围广泛，由一开始单一的机械加工业扩展到铸造产业、造船业等。2014 年，连胜公司已经发展成为年收入几十亿元的大型企业，

每个产业板块均由不同的负责人主持工作。

各板块的业务互相独立，有的以分公司的形式开设在异地，有的仍属于连胜公司内部一个较大的部门。虽然这一形式让连胜公司有着显著的贷款优势和品牌效应，但是也让连胜公司的董事长张仁南产生很多烦恼。

（1）各板块发展水平相近，几个负责人对分管下属的控制也越来越强，个人的利益和权力诉求也日益增大。但公司只能有一个总经理，哪个板块的负责人该当总经理呢？

（2）公司贷款数额非常大，承担无限责任的就只有张仁南自己，各板块的负责人对资金使用的风险意识却不强。

（3）几个板块负责人的年薪只与业务本身相关，把业务板块毛利扣掉与板块直接相关的费用后的余额作为计算年薪的标准。这也让各负责人对公司整体运作和发展不关心。

对此，张仁南下决心进行改革。面对张仁南坚定的改革决心，几位高管也纷纷表态支持。在各专家的评估和论证下，决定采用公司分立方案。最终实现各板块业务均属于各独立法人，各负责人也分别成为各公司的总经理。

连胜公司通过公司分立**实现板块分割，促进专业化发展**。当多年形成的多元化发展的弊端逐渐显露，通过公司分立将不同产业分立出去形成独立法人公司，不但能促进各公司的独立经营发展，更能实现各项业务的专业化、精细化发展。

多元化发展有规模效应、取长补短的优势，但也容易导致发展方向混乱、主业和次业相互制约，企业难以继续扩张。多元化公司常用的企业重组方式有企业分立、资产（股权）划转等。北京神州细胞生物技术集团股份公司通过分立实现板块分割并分别独立上市的案例也是经典案例。

【案例】

北京神州细胞生物技术集团股份公司的前身为北京神州细胞生物技术有限公司。2016年北京神州细胞生物技术有限公司进行了公司分立，将经营研发外包服务、科研工具业务以及生产生物制品业务分立至新设的北京义翘神州科技有限公司。之后两个公司在各自的领域专业化发展，分别成功上市。

2.1.4 通过公司合并谋求规模效应，增强市场竞争力

海田服装公司主要经营棉服的生产和销售等，公司的产品主要销往欧美市场。

随着国外市场的开拓，董事长李辉发现国外市场对棉服的需求很高，仅靠自身发展，很难快速占领其他市场。

李辉通过对同行的分析，关注到刘伟夫妻经营的海力服装公司。这家公司也主要从事棉服的生产与出口，主要的销售市场是美国市场。李辉了解到该公司老板刘伟年纪偏大，也没有太大的抱负，只有一个女儿远在美国不愿意回国接班。

李辉立刻通过中间人找到刘伟提出联合发展一事。刘伟在权衡利弊之后，提出各自经营、资源共享、相互占股等要求。而海田服装公司的另外一个股东王硕则提出，相互占股虽确实可以实现资源共享的目标，但各自经营容易造成权力分散从而导致对海力服装公司的失控。

经过三轮谈判后，双方最终达成共识。

（1）刘伟同意在四年内陆续交出经营权，全力辅佐王硕接手棉服制品的运营。

（2）利用一年的时间进行公司战略和企业文化的融合，并对海力服装公司进行资产和负债的清理，解决历史遗留问题。一年后将海力服装公司合并至海田服装公司，进行全产业链经营。

（3）李辉和王硕以海田服装公司 35% 的股权置换刘伟夫妻持有的海力服装公司的 65% 的股权。

（4）刘伟夫妻要确保员工的稳定、企业文化的融合、原有客户的维护。自合并后第三年起，李辉与王硕每年需收购刘伟夫妻 5% 的股权，股价以每年末净资产约定值（每项资产的估值都有明确规则）的 110% 计算。其间刘伟有权决定延迟出售股权。

最终，合同得以顺利执行。

海田服装公司通过此次合并重组，不仅形成了"1+1 远大于 2"的效果，而且以最少的资金代价、最快的速度获得了市场份额的提高。合并后公司还可以使用同一个字号，共用品牌，形成连续稳定生产、优势互补、客户黏性增加、影响力和竞争力提高的效果。

2010 年，中国东方航空股份有限公司换股吸收合并上海航空股份有限公司，不但加快了后者发展的脚步，甚至影响了全国航空企业的发展速度。上海第一百货吸收合并上海华联商厦股份有限公司，也达到了快速扩大规模的目的。

以自有产品创建品牌的过程是艰难且漫长的，想快速在市场上占据主导地位，仅依靠自己显然达不到目的。在商场中，企业家都明白抢占先机的重要性。

如果能与各条件相似（如发展战略、生产状况、技术、人员条件等相似）的同行业企业共享资源，不但可以快速扩大经营规模，还可以增强同行业或同类产品的市场竞争力。而要达到这一目标可利用企业重组的方式。

2.1.5 通过股权置换整合优质资源，助力融资上市

海航集团是海南省的航空公司，其控股的西安民生和宝商集团均为上市公司，二者经营同类业务，存在同业竞争，违背上市管理办法中的规定。而海航集团控制的航食板块在航空经济的迅猛发展下，有很好的前景。

海航集团决定将航食板块的相关业务装入已经上市的宝商集团。宝商集团通过股权转让实现对航食公司的控制，操作简单，但是这一方式会使宝商集团在短期内有很大的资金压力，容易引起股票价格的波动，因此决定采取股权置换的重组方式。

宝商集团将有关资产剥离成立宝鸡商业，然后利用对宝鸡商业的股份置换海航集团对航食公司的股份。宝商集团通过这一方式实现对航食公司的控制，航食公司借壳上市成功，助力自身发展。

案例中海航集团利用股权置换的重组方式，以较少的资金成本和较小的市场波动实现航食公司的借壳上市，开拓了集团公司的另一融资板块，实现板块专业化发展，同时保护了宝商集团的股东利益，减少了市场波动。

企业上市需要面临战略目标、股权、技术、财务等各方面的梳理和完善，时间跨度大，在经济社会的竞争下，企业又必须抢占先机。而海航集团通过企业重组，实现公司战略目标，助力公司成功上市发展。

2.2 盘活资产，融通资金

企业在快速发展和扩张时期，往往有钱就赚，有活就揽，有钱就投，这种盲目扩张行为容易导致后期出现资产闲置、固定资产投资失误等情况，甚至一些企业还会出现资金沉淀，无力偿还到期债务而面临破产。

在盘活资产、融通资金的过程中，企业重组可以帮助企业以较低的税费，解决资产剥离、产业分割、人员精减、股权架构重设等问题。

2.2.1　通过公司分立拓宽融资条件，打破银行贷款限制

福成置业有限公司主要从事房地产开发经营，正开发一个商业综合体项目，涉及酒店、住宅、商业广场三种不同的业态。

公司的资金主要来源于股东的投资，以及以前年度经营积累。在支付了该商业综合体项目的土地出让金，并办理相关开发手续后，公司出现资金筹集困难的情况。如果短时间内没有充足的资金用于继续开发，项目将错过最好的开发时机。

公司拟通过土地使用权的抵押获得银行的贷款支持。恰遇国家对房地产开发企业的融资政策限制，经过综合评价后，银行未能放款。

总经理刘伟在咨询公司的指导下，决定对公司进行分立，将酒店和商业广场业务分立至新公司。

（1）将用于建立酒店的土地的使用权分割至酒店管理公司，不但可以直接吸引新的投资方进入，而且酒店管理公司不属于银行贷款的限制性行业企业，可自行贷款筹措建设资金。

（2）将用于建立商业广场的土地的使用权分割至新设的商业管理公司，一方面可以提前开展招商活动，另一方面商业管理公司也可自行进行银行贷款融资，筹集建设资金。

分立过程顺利，充分享受到了国家税收优惠政策，并未因资产发生过户而增加税收成本。企业重组方案的实施达到了融资预期。

福成置业有限公司通过公司分立，将用于建立酒店与商业广场的土地的使用权从房地产企业剥离，再以新公司名义进行银行贷款融资。这一举措不但拓宽了融资条件，解决了房地产企业融资困难问题，而且可以直接吸引对酒店经营和商业运营感兴趣的投资方投资。

国家有时会利用金融机构信贷政策对经济的发展速度进行调控。一些行业企业会受其影响，进而形成融资难题。多元化发展的企业，就可以利用重组，进行资产剥离、企业分立等，将限制性行业与非限制性行业分割开，以获得非限制性行业的持续生存。

2.2.2　通过债务重组起死回生，助力企业脱困境

信达公司是一家从事电子元配件生产的企业，主要为宝成公司提供配套业务。2020 年信达公司因为对外担保的企业出现重大责任事故，受到连带影响，其流动

资金被法院划拨偿债 1000 万元，并被冻结了银行账户。

流动资金不足严重影响了生产进度，宝成公司立即预付了约 800 万元的货款，以缓解信达公司的资金困难。信达公司也承诺，在未来 8 个月确保产品的及时配套供应，不影响宝成公司的生产进度。

但信达公司担保的企业随即进入破产程序，导致信达公司的债权难以快速收回，其财务状况进一步恶化。3 个月后，宝成公司追加了 500 万元的 1 年期借款，希望帮助信达公司缓解资金压力。

1 年以后，信达公司收回债权无望，引发员工焦虑，部分高管辞职，正常生产经营活动受到严重影响。而信达公司欠付宝成公司的借款本金及利息均无力偿还。

信达公司再次求助宝成公司，希望能获得宝成公司的帮助。宝成公司使用的电子元配件的最大配套生产企业就是信达公司，如果信达公司停产，宝成公司也会受到重大影响。

双方经过多次协商，最终制定出债务重组方案。宝成公司豁免信达公司欠付的全部借款利息，宝成公司 500 万元的借款转为对信达公司的投资款，并占有信达公司 36% 的股权。同时，宝成公司派驻生产和技术经理接管生产车间，派驻主管会计参与会计核算和数据报送。

双方签订了债务重组协议后，相关人员顺利办理了工作交接手续。宝成公司成为信达公司坚强后盾，提高了信达公司员工的信心，信达公司逐步恢复了正常的生产。

通过债务重组和股权支付，信达公司**减轻了债务负担、缓解了经营资金压力**，同时也让宝成公司的生产得以持续。

很多债权人与债务人本就是共同体，一荣俱荣，一损俱损。当债务人面临财务困境，无法按期足额偿还所欠债务时，如果债权人不能及时做出让步，会导致债务逐渐积累，债务人难以生存，濒临破产。而一旦债务人进入破产程序，债权人的损失不仅会加大，而且漫长的破产程序甚至会导致债权人的经济恶化。

对于债权人来说，与其放任债务人的财务状况恶化，不如最大限度地快速收回债权。债务重组，不但可以快速盘活积压资金，还可以将资金投入更好的项目以提高回报价值，提高沉淀资金的增值能力。

债务人可积极与债权人协商，采取债务延期、免除部分债务、将债权转为股权等债务重组方式进行战略合作，获取财务调整空间；还可利用战略契机，提高经营管理效率，盘活自己，为自己发展注入新的资源和活力。

2.2.3　通过分立重组剥离优质资产，引入投资盘活企业

浩瀚公司是一家旅游景区管理公司，是集酒店、温泉、滑雪、游乐园于一体的大型旅游康养景区。由于经营不善，公司亏损严重，无财力维修老化的滑雪设备，大量资产处于闲置状态。

由于公司投资过多，整体盘活在短期内已无可能。经过多轮会议，股东会决定局部盘活。在政府的撮合下，投资人看中酒店和温泉资产，并希望共同合作，将酒店和温泉资产结合，打造高档的月子中心。

最终双方达成 3 点共识。

（1）除酒店和温泉资产外，其他资产不纳入合作范围，原有公司的债权债务一律由原公司负责承担；凭酒店和温泉资产浩瀚公司可在月子中心占股 40%。

（2）浩瀚公司现有职工均可自愿加入月子中心，三年内不得被无故解雇，所享待遇不低于现有待遇。

（3）投资人共出资 5000 万元，其中 2000 万元用于浩瀚公司的补偿，另外 3000 万元投资到月子中心，用于酒店改造及设备的购置，投资人占股 60%。

如何能够实现双方共同成立月子中心的决定？在专家团队的共同讨论下，形成两套方案。

方案 1：浩瀚公司将酒店和温泉等资产作价 4000 万元，其中 2000 万元作为投资，其余 2000 万元由月子中心收到资产后用货币支付，达到占股 40% 的目标。

方案 2：浩瀚公司通过分立的方式，把价值 4000 万元的酒店和温泉资产连同与之相关的债权、债务、人员等一同分立，成立月子中心。再由投资人投资 5000 万元到月子中心，占股 60%，其中 2000 万元投资款到位后用于偿还分立而来的 2000 万元债务。

专家团队给双方股东介绍了两个方案都可以实现将资产过户到月子中心，且资金以及双方持股比例达到约定条件。但在法律风险和税收上两个方案有着明显的差异。

方案 1，采用非货币性资产投资这种方式不需交契税，但还是需要浩瀚公司缴纳增值税及附加、企业所得税、印花税、土地增值税等一系列税费。

方案 2，只要操作合法得当，就可以不缴纳任何税金。为了符合减免税款的政策，分立新设的公司一年内不能发生股权的变更，同时分立后形成的月子中心需要对分立前的浩瀚公司的债权债务承担连带责任。

经过讨论，双方选择方案 1，虽然承担的税款多了一些，但风险小，且达成目标的速度快。同时，浩瀚公司因此多交的税款也由投资人承担。最终双方达成一致意见，顺利成立了月子中心。

浩瀚公司也利用 2000 万元偿还了部分外债，并吸引了其他投资人，对滑雪场与游乐园进行了改造，重新启动新的项目。

浩瀚公司通过重组来完成优良资产的剥离，以发挥优良资产的优势，再利用获得的资金盘活其他资产。而要实现优良资产剥离，不仅可以使用分立、非货币性资产投资，还可组合使用股权收购和资产收购等多种重组手段。

企业在经营过程中，因不断扩大经营范围会积累各种不同性质的经营资产。由于社会发展、产品的更新迭代、企业的管理水平等原因，有些固定资产无法对企业经营产生太大的价值而遭到闲置，但如果能改变使用方向，则闲置的资产也将变成优质资产。

那么如何将优质资产剥离，使其发挥更重要的作用，并不受原企业不良资产和债务的拖累呢？可以充分利用好资产重组的方法。

【案例】

某化工制造公司的股东因年龄太大无力经营，但当年取得的化工生产资质却是当下非常紧缺的资源。买主只看中公司的化工生产资质，对公司的土地使用权、房产以及经营往来等不想接手。最终该化工制造公司也是采用了分立的方式，将所有能与公司分离的资产与负债分立至新公司，而原公司只保留了化工生产资质，促成了交易的达成。

所以保留优质资产、剥离优质资产都是让企业焕发生机的方式。

2.2.4 通过股权收购处置闲置资产，减轻各方资金压力

浩海水产公司是一家集水产养殖、冷藏、加工于一体的公司。子公司拥有一个独立的厂区，建有冷库，主要负责部分水产品的冷藏。但建成之后，浩海水产公司就转变战略，该冷库停止启用，子公司仅运行半年就处于停产状态。

冷库历时三年完工，占地面积巨大，一旦长期不用，不但会造成设备加速老

化，再启动也需要再投入一笔相当大的资金。所以快速盘活低效资产，成了浩海水产公司的当务之急。

通过政府的协助，正准备拍地自建冷库的成全水产公司愿意接手这个冷库。浩海水产公司组建了包含法律、财税专家的重组项目组，该项目组对子公司情况做了认真分析和税金的测算后，形成两个方案。

（1）厂区、冷库及设备直接出售给成全水产公司，不含税价为 3000 万元。由于当年利润数不确定，预估转让冷库及配套的不动产形成的税金约为 1000 万元，由成全水产公司承担。子公司收款后归还对外的借款后，进行清算。

（2）浩海水产公司直接将子公司的全部股权，以 2300 万元的价格转让给成全水产公司。再由成全水产公司借款给子公司，用于归还子公司欠浩海水产公司的 700 万元。浩海水产公司只需要缴纳约 200 万元的企业所得税即可。子公司的应收款由浩海水产公司自行收回并用于冲抵子公司欠付浩海水产公司的 1000 万元欠款。

经过成全水产公司的多轮评估后，考虑到该子公司无其他经营风险、无担保以及对外抵押情况，双方最终确定以方案二来完成本次交易，并增加了 300 万元押金于一年后支付的条件。

浩海水产公司通过股权支付方式来完成实为土地房产处置的行为，不但节约了税金，还将复杂的不动产过户手续变成简便的股权转让手续，节约了办理手续的成本。

但是由于标的物由不动产变更为股权，交易的双方也从成全水产公司与子公司，变成了成全水产公司与浩海水产公司。合同中各方的权利义务也会相应发生变化，资金流向、付款时点都要随之发生变化。

企业出现设备或者车辆等固定资产需要盘活时，可以通过出售、顶账等方式处理，由于涉税金额及其他成本较低，往往处置时并不需要考虑太多。但如果是房产、土地使用权等涉税金额较高的闲置资产盘活时，则需要考虑处置成本。

采取资产重组（股权收购）等国家鼓励的盘活项目的方式，不但可以降低税费，还可以同时将与闲置资产对应的负债、人员一同安排妥当。

2.2.5 通过公司分立，以股权置换吸收足够资金，成功摆脱债务危机

世纪百货公司成立于 20 世纪 90 年代，作为当时全市为数不多的几家现代

商业零售企业之一，世纪百货公司凭借着较大的规模、齐全的货品种类、时尚的内部装修、优越的地理位置、较小的竞争压力等优势，逐步发展为当地传统商超的龙头企业。

但随着数字经济的发展以及"互联网＋"的深入，传统商超行业面临着终端成本增加、消费者购买习惯转变、线上及线下竞争激烈、商品价格优势消失等多方面压力，世纪百货公司也不例外。然而面对冲击，世纪百货公司还沉浸在过去的辉煌中，企图通过"价格战"挽回市场，最终深陷债务危机，无力偿还，濒临破产。

友谊集团是世纪百货公司最大的债权人之一，旗下有房地产开发公司和建筑公司。友谊集团看中了世纪百货公司的几处商场，如果将其分块处理可以带来不小的商业价值。

眼看多年经营的公司即将破产，对于友谊集团伸来的橄榄枝，世纪百货公司的股东们立即联合其他债权人，召开预重整会议。会议约定：友谊集团以及其他两个主要的债权人，以债务重组方式获得世纪百货公司80%的股权；会后世纪百货公司将三处商场分立成为三家新的公司；三家商场分立形成的三家公司分别由三个主要债权人负责转换经营方向，这三个主要债权人同时负责偿还所负责公司的原有债务。

一年后，三个主要债权人进行了股权收购，自此三家新公司易主。

通过股权转让原有公司不但解决了债务清偿问题，还进行了商业模式的调整，重获生机。

吸纳资金，增强活力，这正是世纪百货公司通过债务重组、分立、股权转让等多种重组方式达到的效果。世纪百货公司以极低的成本，换取了公司的持续经营。

当企业不能清偿到期债务、资产不足以清偿全部债务，企业就达到了破产条件。当企业明显缺乏清偿能力时，有些债权人会直接到法院申请债务企业破产。有些企业一旦破产，影响巨大，所以法院也会根据债务企业是否具备拯救条件而选择破产重整。

企业进入破产程序，就要根据与破产相关的法律法规规定的流程进行清算。通常，破产企业的主要债权人的利益无法得到保障。因此，有些濒临破产的企业，在主要债权人的扶持下，会进行自救，开展预重整，避免进入实质性的破产程序。

衰退企业无论是进行破产重整，还是进行预重整，都可以采用债务重组、债权转为股权、将优质资产剥离到新公司的分立重组、资产转让、合并等手段。

2.3　合规经营，降低成本

纳税是每一个经营活动主体都要面临的一件事。通过征税，国家得以良好地运转，保障各经营活动主体的合法权益，保护守法者，打击违法者。

国家通过出台税收优惠政策，来鼓励特定行业的发展、鼓励特定行为的发生，所以发布税收优惠政策也是国家调整产业结构的一种手段。企业如果在重组过程中，利用并享受到关于重组的税收优惠政策，则响应了国家号召。

2.3.1　通过公司分立整合商业模式，实现整体成本下降

衣辰公司主营卤味加工生产，随着规模的扩大，原有的几家供应商已经无法满足衣辰公司的需求。为了加强对上游原材料品质的控制，同时扩展更加稳定的原材料获取渠道，衣辰公司主动向上游产业延伸，单独承包 20 余亩（1 亩 ≈ 666.67 平方米）土地，建立起了属于自己的家禽饲养与屠宰基地。

但随着公司越办越大，公司管理者张总的烦心事也越多，其中最让张总心烦的莫过于越来越重的税收负担。原来，衣辰公司从供应商手中采购原材料，都能获得对方开具的增值税专用发票，而从自己的养殖场拿原材料，只有少量饲料收购发票可以抵扣，这导致衣辰公司的增值税急剧上升。

在朋友的介绍下，张总找到了专门从事财税筹划的专业团队，希望能够获得问题的解决方案。专业团队通过税收分析，发现造成衣辰公司税费畸高的主要原因在于公司股权架构及商业模式的安排不合理，很多针对农业生产的税收优惠政策没有充分享受。

于是张总开始调整公司商业模式，将公司业务整体分割为家禽饲养与屠宰业务、卤味加工销售两大模块，形成上下游产业链。专业团队配合公司财务人员负责具体实施方案的制定，采用分立的方式，将与家禽饲养和屠宰相关的资产、债务与人员剥离到新公司。

分立后的新公司专门从事养殖与屠宰，并享受增值税免税政策。与此同时，衣辰公司从新公司购入的农产品，也可以按照所取得的增值税专用发票上注明的价款金额的 10% 计算可抵扣的进项税额，大大减轻了公司的税收负担。

在商业模式的安排中，大多数企业家在追求业务效率最大化时，忽视了对不同业务板块间的税收优化，导致企业无法享受很多税收优惠政策，这无疑会极大地增加企业的税收负担。尤其是对于商业模式已经固化的企业来说，如何以最低的成本对商业模式进行调整，就显得格外重要。而在对商业模式的调整中，企业重组则是至关重要的工具与手段。

随着规模的不断扩大，很多企业都会选择向产业的上下游进行延伸，打造一体化产业链，从而降低竞争压力，提高利润。但在延伸产业链的过程中，企业经常会进入一些相对比较陌生的行业与领域，由于对税收政策不够了解加上税收筹划意识不强，没有充分利用好税收优惠政策的情况时有发生。

在对商业模式进行调整时，可通过各类重组手段，分别核算适用不同税收政策的项目。将享受税收优惠政策的项目独立核算，避免混合经营造成从高适用税率的情况，可以实现企业整体税负的减轻。

2.3.2　通过将分公司转为子公司，响应国家号召

苏运国际物流有限公司总部位于江苏，主要经营国际货物运输代理、无船承运业务、国际船舶代理、普通货物仓储服务，业务涉及海运拼箱和整箱、空运、海空联运、报关、报验、仓储、陆运、保险等多个领域，该公司已经成为一个为客户提供全方位服务的国际物流公司。

苏运国际物流有限公司在各个省市主要以分公司形式开展业务，共有百余家分公司，在税务局备案的企业类型为"跨地区经营汇总纳税企业分支机构"。

2022年初，为了促进新疆发展，国家税务总局下发了针对新疆地区的税收优惠政策，即2021年1月1日至2030年12月31日期间，在新疆困难地区新办的符合条件的企业，可以享受企业所得税的减免税政策。新疆政府找到苏运国际物流有限公司分公司经理向其宣传了这个政策，同时提出建议，其可以在新疆困难地区设立独立公司。

苏运国际物流有限公司总经理王龙召集财务、税务、法务沟通，希望能够得到在新疆困难地区成立子公司的建议，并利用好国家给予的税收优惠政策。大家讨论后提出三个方案。

方案一：将设在新疆的分公司直接剥离，投资设立子公司，子公司可以充分享受上述企业所得税优惠政策。

方案二：将分公司的资产与负债整体从母公司剥离，分立为一个独立的法人单位。

方案三：在当地新成立一家子公司，将原先属于分公司的业务逐步转移到子公司。

最终，总经理王龙对三个方案进行了综合评估，确定采用方案二。

改变法律主体，享受税收优惠政策。 苏运国际物流有限公司及时根据国家政策，调整分公司结构，将分公司改为独立的法人公司开展运营，以享受税收优惠政策。

企业在经营过程中，受到的经济环境的影响是非常大的。企业家需要把握好机遇，做好产业结构以及企业组织结构的调整。

如果企业的组织结构不适应国家政策的变化，那就需要同时做出相应的调整。可以通过改制重组形成符合现代企业制度要求的企业，这样既可以完整地保存企业原有的架构，同时也有利于企业的稳定发展；也可以通过非货币性资产投资、资产划拨等方式，将企业资产重新整合，快速适应新的环境。

2.3.3　通过重组改变资产产权主体，实现成本整体降低

晟利公司是一家生产儿童服装的企业，90%的客户都在欧洲，拥有独立厂区，盖有十栋厂房和一座办公大楼。2020年受外界因素影响，欧洲的订单大幅度减少，有八栋厂房处于停止使用的状态，其余两栋厂房内的设备也开工不足。正如总经理所说，开工比不开工赔得还多，公司每年要缴纳近100万元的房产税和城镇土地使用税，无论企业有没有收入。

总经理张欣在与公司的财税顾问李华沟通时，提出降低非经营性税费的要求。李华提出可以充分利用国家的税收优惠政策，达到减轻税负的目的。

李华共提出两个方案。

方案一：2018年国家出台政策，规定对于困难企业停工的房产可以申请免缴房产税。

方案二：2020年国家出台政策，规定增值税小规模纳税人可申请免缴房产税、城镇土地使用税。晟利公司如果要享受这个优惠政策，就必须把公司的闲置厂房转移到新的公司，并且新公司应是小规模纳税人。

总经理张欣立刻决定选择方案二，显然这种方案可以让所有停用和在用的房

产、土地都能享受房产税和城镇土地使用税的免缴政策，免税额度更大。

但是对于方案二的实施，总经理张欣又提出新的疑问。方案中房产所有权和土地使用权需要转移到新公司，那过户的过程中是否存在税收问题，是否还存在手续费等非税成本。

于是李华召集了公司的办公室主任和公司的法律顾问一起来解决这个问题。经过三人的讨论，最终对如何将房产和土地转到新公司整理出三个方案。

方案一：房产直接销售给新公司，但是需要缴纳高额的交易税金。

方案二：房产投资，但不动产投资也需要缴纳增值税、印花税、土地增值税等。

方案三：企业分立，该方式无须缴纳任何税金，但是新成立的公司需要对分立前晟利公司的债权债务承担连带清偿责任。

最终，张欣对三个方案进行了综合评估，确定采用方案三。

本来享受不到房产税优惠政策的晟利公司，最终通过企业分立的方式将房产所有权和土地使用权分到新公司，这不但使得晟利公司每年节省近 100 万元的房产税和城镇土地使用税，而且在资产过户的过程中，没有增加任何的税费。

国家在经济调控过程中，经常会通过制定税收优惠政策的手段来实现目的。那么企业在经营中，应时刻关注国家政策的调整。如果采用一些方法可以让企业合法合理地享受这些政策，那么企业就应该抓住机会。

很多税收优惠政策都有时间限制，国家也会根据政策实施的有效性来决定是否延长税收优惠政策的实施时间。有些税收优惠政策针对某一类型，如小规模纳税人、小微企业等，那么一般纳税人、非小微企业可以通过重组的方式，使企业达到享受税收优惠政策的条件。

2.3.4　通过合并重组手段，解决历史乱象

2021 年 3 月，通和公司接到政府相关部门通知，未来 2 年内，通和公司所在地块要实行搬迁。通和公司根据之前其他企业获得的政策拆迁补偿测算，其所在地块将获得约 3000 万元的拆迁补偿款。

董事长张华立即让财务经理刘燕测算，拆迁补偿款是否足够补偿损失。刘燕在测算时，发现通和公司的账面上只有当年购买土地使用权的成本 500 万元，而建造成本并不在通和公司账面上。

张华回忆起，当年自己还投资了一家万和公司，因财务人员混同、管理不规

范，导致 800 万元的建造成本计入到了万和公司。

根据这个情况，刘燕告诉张华，如果 800 万元成本不记入通和公司的账面，这 3000 万元的收入就不能抵扣这 800 万元，缴纳的企业所得税会变多。

张华听后立即找到财税专家团队进行税收筹划，最终经过财务清查和数据测算，专家团队给出两种方案。

方案一：通和公司采用资产收购方式将万家公司的房产连同与其相关的负债和劳动力一并收购。这种方式下，通和公司虽然不用缴纳增值税及附加税费，也无须缴纳企业所得税，但需要对资产进行评估，如果产生增值，有可能会被认定为转让临时建筑物，而需要缴纳土地增值税。

方案二：通和公司将万家公司吸收合并，之后万家公司注销，房产和土地转移到通和公司，成本也在通和公司账面列支。这种方式下，通和公司免缴税费，但是万家公司的股东也会成为通和公司的股东。

最终因两个公司的股东均为张华夫妇，张华选择税收成本最低的方案二。

通和公司最终利用合并重组的方式，解决了历史乱象，避免了多缴企业所得税的情况。除此之外，资产收购、非货币性资产出资等方式也可以解决企业的一些历史遗留问题。

在企业成立初期，一些企业家不重视财务人员参与企业的管理，导致财务人员往往在事情结束后，根据不能完全反映事件的单据进行账务处理。有的财务人员不追根究底，随意入账，造成企业的账很乱，账面数据无法真实反映企业的财务状况和经营成果。等企业开始重视内部管理时，发现很多历史遗留问题，账面存在很多难以解决的垃圾数据。这样的企业即使经营业绩再好，管理成果都无法得到投资者信任，不但无法吸引新的投资者，也影响企业未来上市。有些企业家投资多家公司，产生混同情况，比如人员混同、业务混同、资产混同等，谁在花谁的钱都搞不明白。这也导致由于单据户头的混乱，产生的费用无法在企业所得税税前列支的情况。

针对上述历史乱象，企业可以在查清事实后，通过重组的手段来解决。

2.3.5　通过资产收购提高市场地位，获得定价权

远大水泥公司主营水泥的生产与销售，经过多年的发展，远大水泥公司构建了完善的组织结构、规范的生产运行管理模式，拥有较强的盈利能力，在当地市

场拥有较高的市场份额。

2021 年初，远大水泥公司股东及高管召开会议，决定收购当地小型水泥厂，快速扩大规模，占有 80% 的市场份额，以便提高所需原材料的市场定价权。

公司迅速组建了重组项目组，通过发行债券获得大量资金并启动收购计划。项目组与当地几个具有一定规模的水泥厂进行多轮谈判后，最终选定了资产收购方案。远大水泥公司以货币支付与股权支付相结合的方式，将各水泥厂的与水泥生产及销售相关的资产，连同与其相关联的债务、人员一起收购。

远大水泥公司通过资产收购的方式，将一定区域内的竞争对手的优质资产进行整合，在没有影响自身经营控制权的情况下让渡了部分股权，这种方式不但可以使远大水泥公司通过集中采购获得定价权，而且为公司未来上市也做好了充分的准备。

企业为扩大规模所使用的重组手段不仅有合并和并购，也包括资产收购。远大水泥公司本次的重组操作没有使用合并手段，主要原因是：合并重组不仅会将被合并公司的所有资产、负债与人员一同合并过来，而且对于被合并公司的所有业务，远大水泥公司均需承担连带责任；而远大水泥公司进行资产收购则无须承担原资产所属公司的连带责任。

第 **3** 章

如何实现企业重组

企业在发展过程中，会面临着战略调整、产品转型、资产盘活、降本增效等重大发展问题，但受现有资产规模、负债清偿、人员质量、技术能力等因素限制，仅依靠企业自身的发展，很难实现目标。对企业进行分割、合并及股权收购等企业重组方式，可以快速吸引资源，从而达到目的。

虽然企业重组可以解决企业的重大发展问题，但重组的实施也较为复杂。制定好重组的流程、组建好重组项目组是让重组发挥作用的关键性因素。

3.1 企业重组流程

企业重组的整个流程分为重组方案制定阶段以及重组方案的实施阶段。确定了重组流程，就要选择合适的人来组建重组项目组。重组项目组能否设计出适当的重组方案，是否能执行好重组方案，决定了重组的成败。

3.1.1 重组方案制定阶段的流程

重组方案制定阶段以达到企业的商业意图为目标，设立项目组，通过谈判、尽职调查、提报方案、管理层审批、项目讨论等过程，最终形成重组方案。内外各部门的工作均要按确定好的时间、顺序逐步开展，人员要有序调度。重组方案制定阶段具体的流程详见图 3-1。

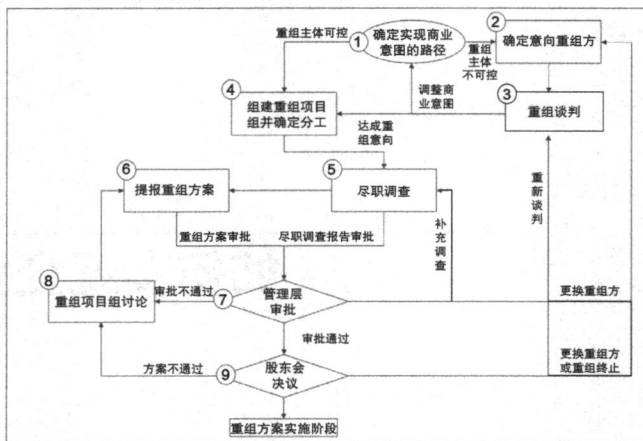

图 3-1　重组方案制定阶段流程

（1）确定实现商业意图的路径。

实现企业的商业意图的方法有多种，若股东、董事会及管理层确定采用重组来实现商业意图，即可进入重组方案制定阶段。

如果重组主体为可控的关联公司，那么即可直接进入第（4）道程序，即组建重组项目组并确定分工。如果重组主体为不可控公司，则进入第（2）道程序，即确定意向重组方。

（2）确定意向重组方。

可以选择的意向重组方越多，企业在未来谈判中就越有话语权和选择权。所以确定意向重组方时，可多方考虑了解市场需求，确定意向重组方名册。确定了意向重组方后就可以释放信号，并进入第（3）道程序。

（3）重组谈判。

重组谈判是重组业务的关键环节，对谈判人要求较高。谈判人是企业的最高领导并不一定合适，很可能造成谈判结果无法扭转的局面。但谈判人的级别也不能太低，级别不对等的谈判也容易造成大量问题无法解决，导致谈判效率低下。

如果谈判最终导致了商业意图的变化，则回到第（1）步。如果谈判顺利，各方达成重组意向，则进入第（4）道程序。

（4）组建重组项目组并确定分工。

项目组成员包括企业负责人、重组主体指派人员，以及法务、财务、税务等专业岗位人员，必要时聘请对重组有丰富经验的咨询公司、专家参与到重组项目组中。本书 3.1.3 小节介绍了重组项目组的组建与分工。

（5）尽职调查。

重组项目组组织专人收集整理与商业意图相关的资料，开展尽职调查工作。本书第 5 章与第 6 章着重介绍了尽职调查工作如何开展。

管理层审批尽职调查报告后，如果对重组方的情况不满意，可能会出现更换重组方或重新谈判的情况；如果尽职调查报告的结论与重组谈判的结论趋同，重组项目组应尽快进入第（6）道程序，即提报重组方案。

（6）提报重组方案。

重组项目组根据尽职调查报告的内容，设计重组方案。重组方案的编制在第 7 章重点介绍。

（7）管理层审批。

管理层通过对尽职调查报告以及重组方案的审批，不断修正重组项目组对方案以及拟实现商业意图的理解偏差，管理层还需对该方案是否能够通过股东会决议做出判断。

大多数管理层在重组项目组工作期间，会不断听取重组项目组的意见，并参与方案的论证过程，深刻了解重组方案的可执行性，最终决定重组方案及相关文件何时提报股东会。

如果方案审批不通过，则进入第（8）道程序，即重组项目组讨论。如果方案审批通过，则进入第（9）道程序，即股东会决议。

（8）重组项目组讨论。

对于未经管理层审批通过的方案，重组项目组需要再次讨论。必要时会重新收集信息和数据，考虑是否更换重组方、重新谈判等。对于重新修改的方案，应再次提报并经管理层审批。

（9）股东会决议。

大多数重组业务都属于董事会或股东会的重大表决事项。本书主要介绍涉及股东会决议的流程。

管理层全面审查重组方案的可行性后，将重组方案正式提交股东会进行决议。本书第8章重点介绍了股东会决议的过程及注意事项。

在实践中，重组方案制定阶段的工作往往会在第（6）、第（7）、第（8）步中循环，只有通过不断的讨论，才能形成各方满意的方案。

3.1.2　重组方案实施阶段的流程

重组方式不同，重组方案的执行过程也不同。即使重组方式相同，也会因为业务复杂程度不同，执行过程也不完全一样。

图3-2所示的重组实施阶段流程介绍了涉及股权变动以及有证资产产权发生变动的重组流程，这类重组的流程是相对复杂的。对于采用多种重组方式达到重组目的的重组方案实施阶段的流程，则需要重组项目组根据实际情况进行规划。

本书的第9章重点介绍了重组方案实施过程中需要外部机构审批的具体内容，如需要在工商行政管理部门、税务部门、资产权属登记部门、银行机构等办理手续以及准备资料的具体细节。

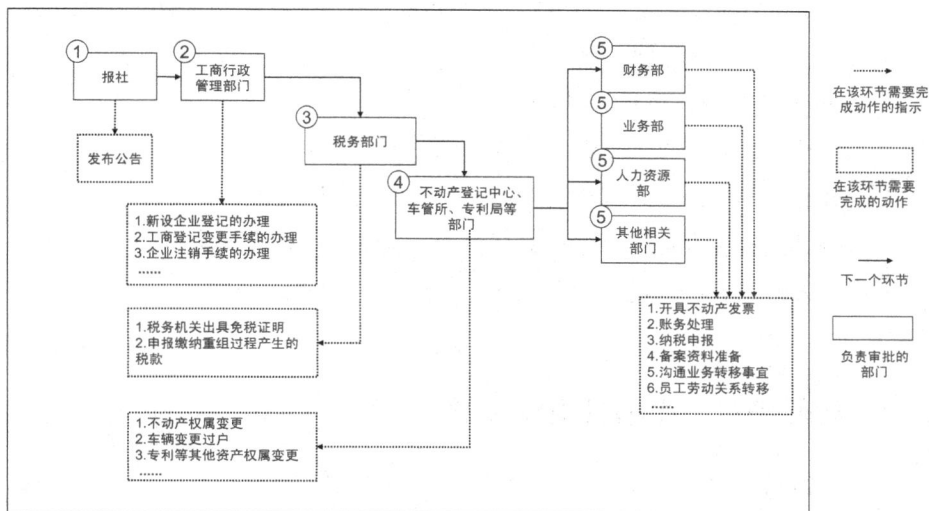

图3-2　重组方案实施阶段流程

（1）报社等符合条件的媒体发布公告。

对于重组过程中不涉及减资、注销登记、合并、分立等需要发布公告的重组业务，则无须经历此步骤。

（2）工商行政管理部门办理注册、变更手续。

重组过程中涉及新设公司、注册资本变动、股东变更、章程修改、注销登记等手续的，需要在工商行政管理部门或当地的行政审批大厅办理。进行这一步意味着重组方案正式落地实施，在办理其他部门的相关手续时，很多都会用到工商登记的相关资料。

（3）税务部门办理完税或免税手续。

在办理了工商登记、变更手续后，就可以办理税务登记的手续（部分地区三证、五证合一的则无须再经历此步骤）。如果涉及法人营业执照注销的，则需要先行办理税务登记的注销，再办理工商的注销手续。

重组业务涉及税款的，在此环节需要到税务机关办理免税证明或者完税手续。

（4）不动产登记中心、车管所、专利局等部门办理产权过户手续。

重组过程中涉及不动产权属变更、车辆行驶证户头变更、专利和著作权等无形资产权属变更的，在取得免税或完税手续，以及工商手续后，即可到相关部门办理过户手续。

需要注意的是，如果此时相关资产处于抵押状态，还应先办理解除抵押手续，再办理有证资产的过户手续。

（5）重组主体自行办理各类手续。

外部机构各类手续办理过程中或完毕后，各重组主体即可办理与各部门相关的各类手续。各部门具体工作内容在本书第4章有重点介绍。

如财务部门需要办理银行账户的开销户、企业所得税有关重组业务的备案申报、完成相关的账务处理等。重组中的涉税事宜和财务处理在本书的第10章与第11章有详细介绍。

3.1.3　如何确定重组项目组成员及分工

企业重组是企业一项重大的经济活动，涉及的业务较为复杂，并需要多个部门协同配合，才能在规定的时间内完成。因此，应从涉及重组业务的各部门抽调人员共同组建重组项目组，集中力量完成重组工作。

重组项目组成员主要包括：与形成问题相关的部门主要负责人，以及法务、财务、税务等专业岗位人员，必要时应聘请外部咨询公司或者专家团参与。重组项目组成员及分工如表3-1所示。

表3-1　重组项目组成员及分工

序号	重组项目组成员	分工
1	股东会重要成员、董事会成员	由于企业重组解决的都是与战略相关的重大问题，且重组业务大多与股权相关，因此，涉及股权相关的重组，需要股东会或董事会的审批
2	总经理	负责指导重组项目组开展工作；评判方案的可行性，并对重组项目组工作进行总调度和协调
3	法务部人员、有重组业务经验的律师	主要负责重组方案的设计、各种法律文书的起草以及法律风险把控
4	财务部人员、有重组业务经验的财税顾问	主要负责重组方案的设计、重组报表的编制、税收筹划及免税申请等
5	综合业务部（办公室）	对接工商行政管理部门、不动产及其他产权登记中心等部门，协助办理各类重组外部手续
6	企业重组咨询团队	在必要的情况下，可聘请其参与整个方案的设计及落地执行

重组项目组的成员并非一成不变，在重组业务开展的不同阶段，会根据重组方案的情况进行相应的调整。比如，涉及抵押到银行的不动产过户问题，需要与银行接触的企业的全部工作人员参与到重组项目组中，解决后相关人员即可退出重组项目组。

【案例】

正达公司高管提出采用公司分立的方式，将公司名下的一处闲置车间分到新公司华宇公司。正达公司的股东张超和刘兴、总经理李颖、法务部陈辰、财务部王华、综合业务部赵新等相关人员，以及聘请的重组经验丰富的咨询团队共同组建了重组项目组。

在咨询团队的帮助下，重组方案得以顺利通过。2021 年 10 月 10 日，开始执行方案，李颖作为总调度人员，召集了重组项目组所有成员，确保每个人都明确自己的任务，具体的人员分工情况如下。

（1）王华制作上月末的财务报表，并以此作为分立基准日的数据参考进行资产、负债的分割。与税务部门就免税审批事宜进行沟通，待办理完工商行政管理部门的备案手续后，办理免税手续。分立手续办理结束后，进行相应的账务处理、开具发票并进行纳税申报。

（2）陈辰负责股东会决议、分立协议、债权债务担保声明等相关备案文书的撰写，并在决议中约定资产划转相关事项。

（3）张超和刘兴召开股东会，签署分立文书。

（4）赵新联系报社发布分立减资公告，并于公告到期后，携带股东会决议、资产划转协议、正达公司营业执照副本等资料到工商行政管理部门办理分立手续。

（5）咨询团队负责全程指导，并在执行过程中遇到需要政策与方案解释时，与相关人员一同前往各机构办理手续。在方案需要调整时，随时进行方案的变动和提供解决方案。

3.1.4　重组项目组成员的工作如何推进

重组的目的是解决企业经营的问题，而重组方案的制定以及执行，则需要法律、财务、税收领域的专业技术支持。因此，重组业务大多较为复杂，需要多部门的协同配合。如果重组项目组的成员来自企业各部门，则重组的推进则会更为顺畅。

重组项目组人员的合理分工，是重组工作顺利进行的重要保障。在重组的执行过程中，对时间节点的把控要安排到位。这就需要制定详细的方案执行计划书，并且在执行过程中，需要随时进行调度，一旦出现与计划不一致的情况，就需要立刻进行调整。执行计划日常表如表 3-2 所示。

表 3-2　执行计划日常表

序号	步骤及执行		阶段编号	办理部门					咨询团队			时间计划		
	步骤及事件	实施内容		股东会	综合部	人力资源部	财务部	法务部	咨询师	财税专家	律师	开始时间	开始阶段	完成时间

为了重组目的的顺利实现，重组项目组在安排重组项目组成员工作时，要注意如下事项。

（1）方案的设计阶段，考虑全面的同时从优中选优，且应考虑备选方案。

（2）方案设计完毕应与税务局、工商行政管理部门等主管部门进行必要的确认，并听取其对重组关键资料的撰写要求和意见。

（3）成员的工作完成时间是相互影响的，一项工作无法按计划时间完成，会影响整个项目的进度，需要及时与其他成员沟通，并进行方案调整以及执行计划书中有关时间的修订。

3.2　企业重组方式

企业重组的形式有很多种，鉴于篇幅受限，本书中将主要介绍企业常用的五种重组方式：企业合并、企业分立、股权收购、资产收购、债务重组。对于其他一些不常使用的重组方式只做简单介绍。

3.2.1　如何选择重组方式

重组方式有很多，企业在选择重组方式时，哪种方式或哪种组合方式更有助于企业实现商业意图呢？要回答这个问题，就需要重组项目组成员了解各种重组方式的优缺点、适用性以及可操作性。决策者在充分考虑重组目的、重组主体、支付方式、时间成本等各种因素后，选择对企业最有利的重组方式。

设计重组方案时可以使用一种重组方式，也可以使用组合重组方式，也就是使用多种重组方式来实现重组目的。企业选择何种重组方式与企业拟达成的商业意图有着密切的联系，表 3-3 所示为重组目的及适用的重组方式。

表 3-3　重组目的及适用的重组方式

序号	目的类型	具体目的	适用的重组方式
1	开拓市场，扩大规模	产业链条延伸，寻求规模效益	企业合并、股权收购、资产收购等
2		重建股权架构，便于传承激励	企业合并、企业分立、股权收购、资产收购等
3		实现板块分割，促专业化发展	企业分立、股权收购、资产收购、资产划转等
4	盘活资产，融通资金	拓宽融资条件，突破贷款限制	企业分立、资产划转、资产收购等
5		减轻债务负担，缓解资金压力	企业分立、债务重组等
6		剥离优质资产，盘活闲置资产	企业分立、资产收购、股权收购、债务重组等
7	合规经营，降低成本	调整商业模式，解决历史乱象	企业合并、企业分立、股权收购等
8		改变法律主体，变更产权主体	企业合并、企业分立、股权收购、企业法律形式改变等

3.2.2　企业合并的两种操作模式

企业合并在《公司法》中称为"公司合并"，是两个或者两个以上的公司通过订立协议，将企业的资产、负债、人员、业务等合并到一个公司的法律行为。公司合并时，合并各方的债权、债务，应当由合并后存续的公司或者新设的公司承继。

在税收政策中，也有关于公司合并的解释。《财政部　国家税务总局关于企业重组业务企业所得税处理若干问题的通知》，则明确规定：合并，是指一家或多家企业（以下称为被合并企业）将其全部资产和负债转让给另一家现存或新设企业（以下称为合并企业），被合并企业股东换取合并企业的股权或非股权支付，实现两个或两个以上企业的依法合并。

公司合并，使得两个公司优势互补、形成规模效益、提升市场地位、提高谈判的话语权、降本增效。

公司合并分为新设合并与吸收合并。新设合并是指两个或两个以上的公司合并至一个新设立的公司，原有的被合并公司注销。在图 3-3 中，A 公司与 B 公司合并为新设的 C 公司，A 公司与 B 公司均被称为被合并公司，A 公司的股东与 B 公司的股东共同成为新设的 C 公司的股东。

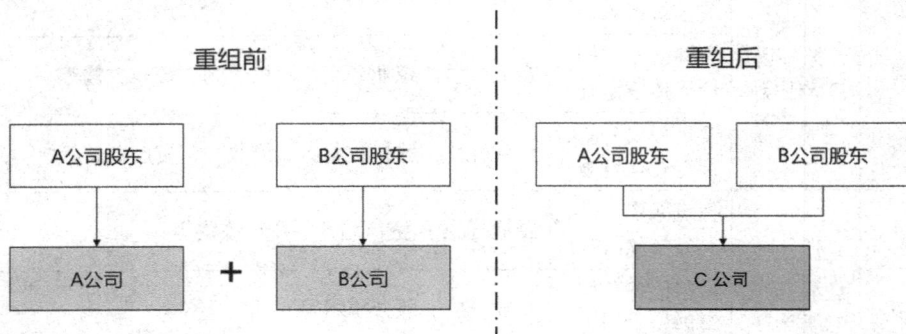

图 3-3　新设合并

吸收合并，是指被合并的公司合并至另一个公司，合并公司接收了被合并公司的全部资产、负债、人员、业务等，被合并公司注销。在图 3-4 中，A 公司将 B 公司合并后，B 公司注销。A 公司为合并公司或存续公司，B 公司为被合并公司。B 公司的股东也因此成为 A 公司的股东，与 A 公司的原股东共同持有 A 公司的股权。

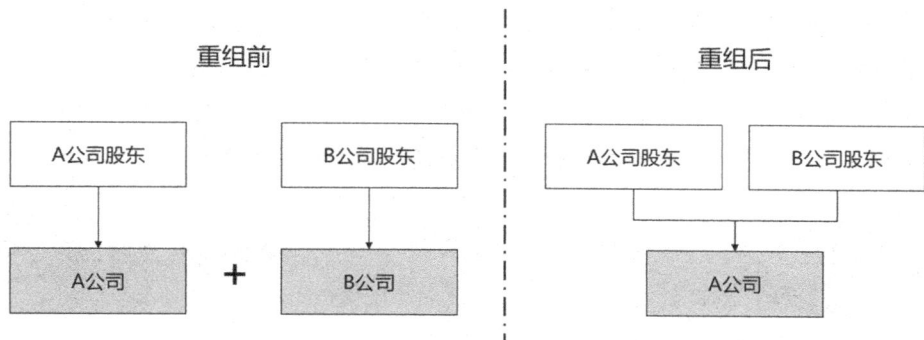

重组前 | 重组后

图 3-4　吸收合并

智享公司与优悦公司均为生产激光切割机器的公司。为提升市场地位，两个公司拟合并发展。重组项目组拟定了两个合并方案供双方股东选择。

方案一：智享公司吸收合并优悦公司，并将智享公司更名为智优悦公司。

方案二：智享公司与优悦公司合并，新设智优悦公司。

两个方案都可达到合并发展的目的，且合并后的公司名称均为智优悦公司。

但是两个方案存在明显不同。

（1）从操作难度看，方案一比方案二更简单。

吸收合并对于存续公司智享公司来讲，没有太大的影响，只是其规模变大，增加了更多的资产与人员。被合并的优悦公司则变动较多，大部分的变更手续主要涉及优悦公司。

新设合并意味着两个公司的变更工作量都是巨大的。这不仅对重组项目组是个考验，各公司也需要配合做出大量的调整工作。

（2）从公平的角度看，方案二更为公平。

新设合并对于两个公司的员工来讲，原来的公司均注销，大家一同进入新的公司，没有高低、新旧之分，每个人都要面临全新的局势和环境，这更容易让原两个公司的人员融合并形成新的企业文化。

3.2.3　企业分立的两种操作模式

企业分立在《公司法》中称为"公司分立"，是指一个公司依照有关法律、法规的规定，分立为两个或两个以上公司的法律行为。公司分立时，分立前各方的债权、债务，应当由分立后的各公司承继并承担连带责任。

在税收政策中，也有关于公司分立的解释。《财政部 国家税务总局关于企业重组业务企业所得税处理若干问题的通知》明确规定：分立，是指一家企业（以下称为被分立企业）将部分或全部资产分离转让给现存或新设的企业（以下称为分立企业），被分立企业股东换取分立企业的股权或非股权支付，实现企业的依法分立。

公司通过分立，将公司资产、业务板块进行分割，实现专业化发展、提高经营决策的灵活性、减轻税负。

公司分立又可细分为新设分立和存续分立两种方式。

新设分立指一个公司将资产、负债、人员、业务依法分割，原公司分拆为两个或者两个以上新公司，原公司解散。在图3-5中，A公司分立为两个新设的B公司和C公司，A公司随即注销。A公司称为被分立公司，B公司和C公司称为分立公司。A公司的原股东则成为B公司与C公司的股东。

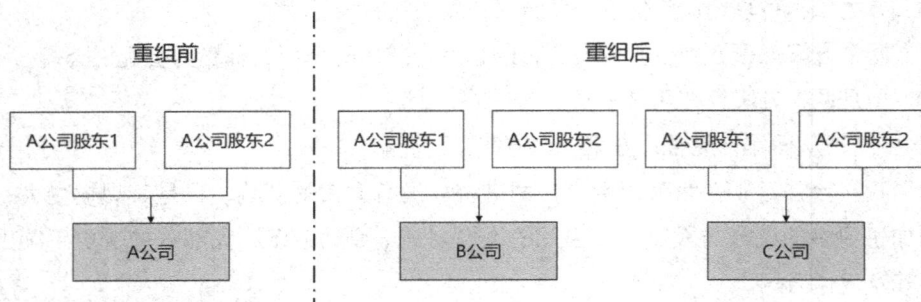

图3-5 新设分立

存续分立，又称派生分立，是指一个公司将一部分资产、负债、人员、业务等依法分出，成立两个或两个以上公司，原公司存续。在图3-6中，A公司分立出一个新设的B公司，A公司依然保留。A公司称为被分立公司或存续公司，B公司称为分立公司。A公司的原股东同时也是B公司的股东。

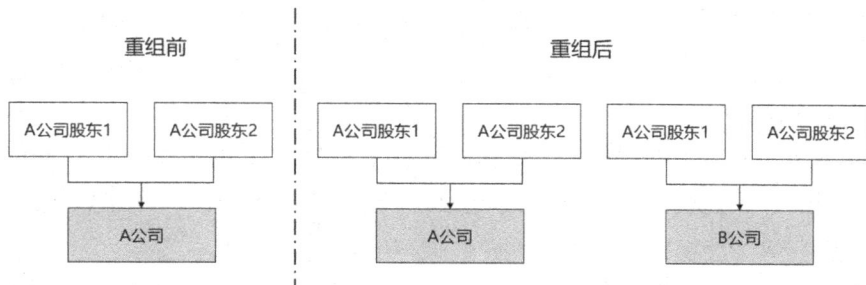

图 3-6　存续分立

3.2.4　股权收购的四种操作模式

与股权直接相关的企业重组方式中，股权收购、股权支付以及股权置换是常被提及的。三者之间有何关系，是否指的是同一项重组活动，也是经常困扰大家的问题。

1. 股权收购

股权收购是指收购公司以现金、有价证券以及交易双方认可的其他资产作为对价，基于取得目标公司的全部或部分股权的目的，而向该目标公司的股权持有者进行收购的行为。

在税收政策中，也有关于股权收购的解释。《财政部 国家税务总局关于企业重组业务企业所得税处理若干问题的通知》明确规定：股权收购，是指一家企业（以下称为收购企业）购买另一家企业（以下称为被收购企业）的股权，以实现对被收购企业控制的交易。收购企业支付对价的形式包括股权支付、非股权支付或两者的组合。

2. 股权支付

股权收购是指收购公司的目标行为，对于目标公司来讲，这一行为则是股权支付。对于股权支付方来讲，并非支付的都是股权支付方自身的股权，也可以是其控股公司的股权。

在税收政策中，也有关于股权支付的解释。《财政部 国家税务总局关于企业重组业务企业所得税处理若干问题的通知》明确规定：［本通知所称股权支付，是指企业重组中购买、换取资产的一方支付的对价中，以本企业或其控股企业的股权、股份作为支付的形式。］

获得股权支付方股权的人，则是股权收购方。所以股权支付与股权收购是相对而言的，二者大多数时候指的是同一个重组业务，只是站在不同当事人的角度而已。

3. 股权置换

如果在股权收购的业务中，股权收购方以其控股公司的股权进行支付，那么股权收购方也是股权支付方，对方亦是如此，双方互为股权收购方和股权支付方，这种行为被称为股权置换。

股权收购这种重组方式，可以快速扩大企业生产经营规模、提升市场地位、迅速开拓全新市场领域，实现战略转型、升级。股权收购的操作模式可分为以下四种。

1. 以本公司股权支付的股权收购

股权收购方以本企业的股权进行支付，从被收购方的角度来讲，该行为又称股权投资。

在图 3-7 中，A 公司拟向 B 公司收购 B 公司子公司的股权，A 公司通过增发股份的方式向 B 公司进行支付。也就是说 B 公司将持有的子公司的股权投资到 A 公司，并获得 A 公司的股权。

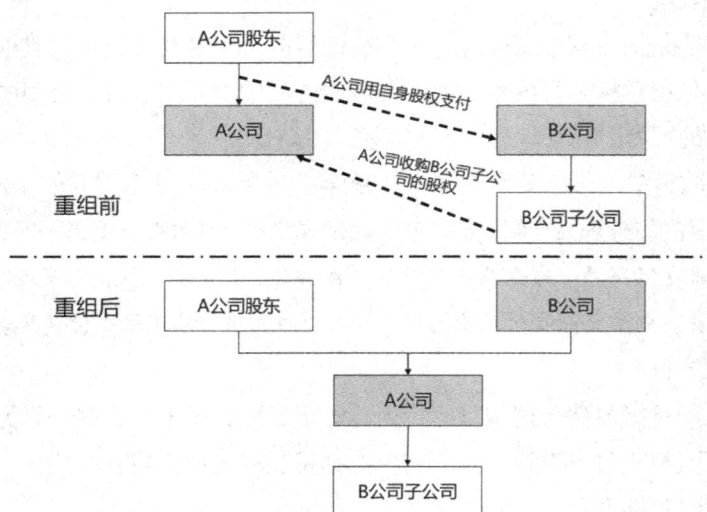

图 3-7　以本公司股权支付的股权收购（股权投资）

2. 以控股公司股权支付的股权收购

股权收购方以控股公司股权支付，此行为又称股权置换。

在图 3-8 中，A 公司拟以其持有的 a 公司股权作为对价支付给 B 公司，用以收购 B 公司持有的 b 公司的股权。也就是说 B 公司以所持有的 b 公司的股权置换 A 公司持有的 a 公司的股权。

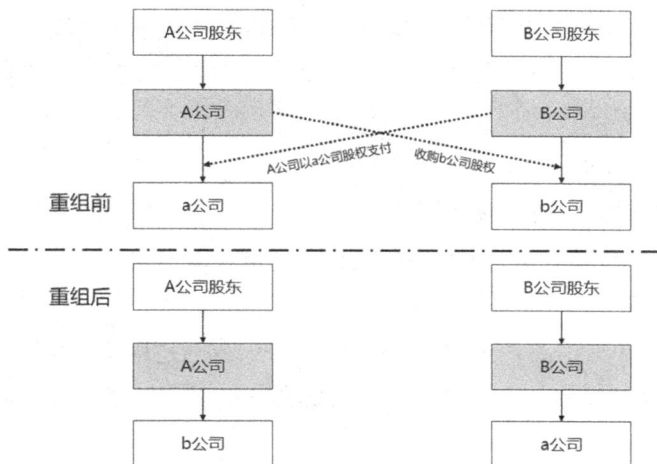

图 3-8　以控股公司股权支付的股权收购（股权置换）

3. 非股权支付的股权收购

非股权支付，是指以本企业除了企业自身的股权以及控股公司的股权外的资产，比如现金、银行存款、应收款项、固定资产等作为支付的形式。非股权支付的股权收购不影响收购方自身股权比例的变化。

如果非股权支付大量使用货币资金，则会提高收购方的资金成本，但有利于被收购方快速回笼资金，有利于被收购方积极推动交易的达成。

4. 股权支付与非股权支付结合的股权收购

股权支付与非股权支付结合的股权收购吸收了股权支付与非股权支付的优点，但手续以及税金的计算则更为复杂，甚至有可能影响到税收优惠政策的享受。

3.2.5　资产收购的四种操作模式

资产收购指企业以现金支付、实物资产支付、股权支付等支付方式，有选择性地收购对方公司全部或部分资产。被收购的资产中如果包括股权，则这一行为称为股权收购。

在税收政策中，也有关于资产收购的解释。《财政部 国家税务总局关于企业重组业务企业所得税处理若干问题的通知》明确规定：资产收购，是指一家企业（以下称为受让企业）购买另一家企业（以下称为转让企业）实质经营性资产的交易。受让企业支付对价的形式包括股权支付、非股权支付或两者的组合。

资产收购，可以使企业快速实现多元化发展，扩大生产规模，提升市场竞争力，降低经营风险。另外，收购其他企业的优质资产，有利于发挥双方企业的协同效应。

资产收购的操作模式可分为以下四种。

1. 以本公司股权支付的资产收购

资产收购方以本公司的股权进行支付，从被收购方的角度来讲，该行为又称非货币性资产投资。

在图 3-9 中，A 公司拟收购 B 公司的资产，并通过增发自身股份的方式向 B 公司进行支付。也就是说 B 公司以资产投资到 A 公司，并获得 A 公司的股权。

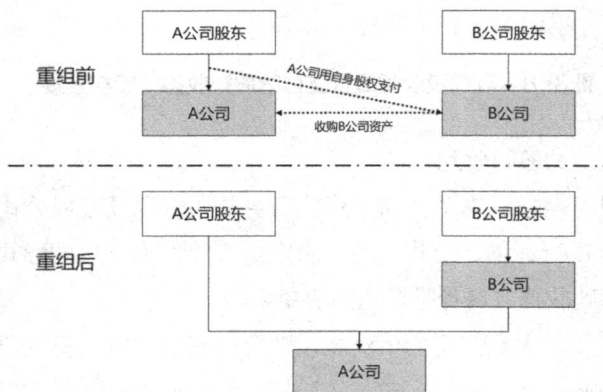

图 3-9　以本公司股权支付的资产收购（非货币性资产投资）

2. 以控股公司股权支付的资产收购

资产收购方收购目标公司的资产，以控股公司的股权进行支付。

在图 3-10 中，A 公司拟收购 B 公司的资产，但 A 公司以持有的 a 公司股权作为对价支付给 B 公司。也就是说 B 公司将资产出售给 A 公司，并获得 a 公司的股权。

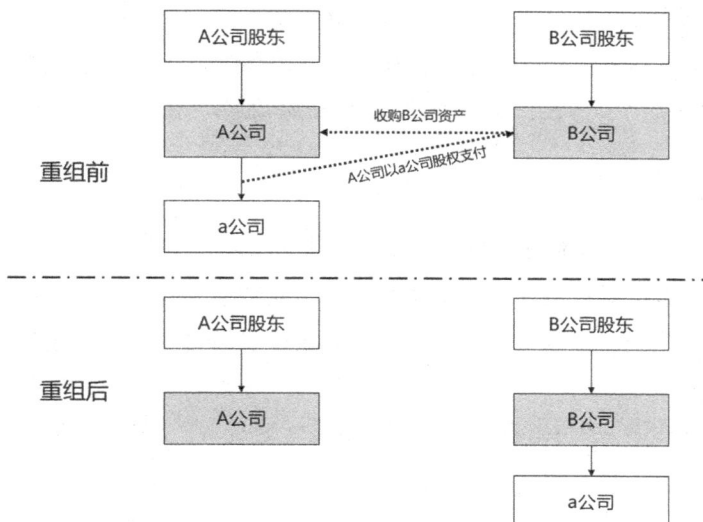

图 3-10　以控股公司股权支付的资产收购

3. 非股权支付的资产收购

非股权支付的资产收购不影响各方的股权比例。非股权支付占用了资产收购方的资金，提高了资金成本，但有利于被收购方快速回笼资金，有利于被收购方积极推动交易的达成。

4. 股权支付与非股权支付结合的资产收购

股权支付与非股权支付结合的资产收购吸收了股权支付与非股权支付的优点，但手续以及税金的计算则更为复杂，甚至有可能影响到税收优惠政策的享受。

3.2.6　债务重组的四种操作模式

《企业会计准则第 12 号——债务重组》第二条规定：债务重组，是指在不改变交易对手方的情况下，经债权人和债务人协定或法院裁定，就清偿债务的时间、金额或方式等重新达成协议的交易。

在税收政策中，也有关于债务重组的解释。《财政部 国家税务总局关于企业重组业务企业所得税处理若干问题的通知》明确规定：债务重组，是指在债务人发生财务困难的情况下，债权人按照其与债务人达成的书面协议或者法院裁定书，就其债务人的债务作出让步的事项。

典型的债务清偿方式是以货币资金偿还，货币资金的不充足常导致无法按时偿还到期债务。债务重组中，债务人可以使用非货币性资产偿还，或以较少的货币资金来偿还债务；债权人虽然无法实现全部的债权，但能够快速且最大限度地收回债权。

债务重组一般包括下列操作模式。

1. 债务人以本公司的股权进行清偿

债务人以本公司的股权进行清偿又被称为债转股，指债权人和债务人达成协议，将债权人持有的债权转为对债务人的股权投资，债权人对债务人进行增资，成为债务人的新增股东。

在图 3-11 中，B 公司将对 A 公司的债权转为对 A 公司的股权。

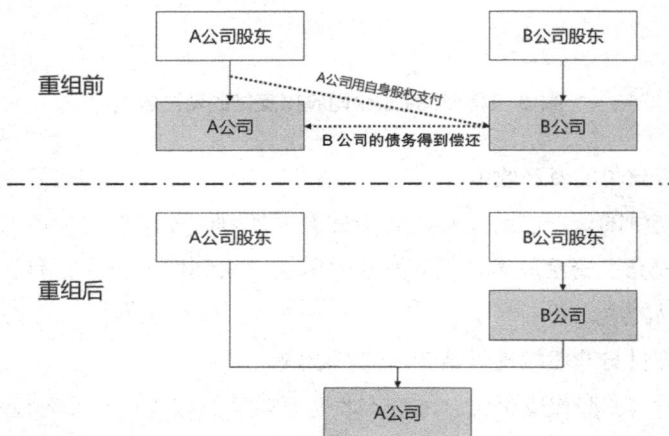

图 3-11　债务人以本公司的股权进行清偿（债转股）

2. 债务人以非货币性资产（含控股公司股权）清偿债务

债务人以自有资产清偿债务，用于偿债的资产主要包括：现金、存货、固定资产、无形资产以及金融资产、控股公司的股权等。

3. 改变除还款方式外的其他合同条款

采用调整债务本金、改变债务利息、变更还款期限等方式修改关于债权和债务的合同条款，形成重组债权和重组债务。

3.2.7　其他重组方式的操作模式

其他重组方式主要包括：非货币性资产投资、企业法律形式改变、资产（股权）划转等。

1. 非货币性资产投资

非货币性资产投资，是指以非货币性资产出资设立新的企业，或者以非货币性资产对已经设立的企业增资扩股的投资行为。

这里所讲的非货币性资产投资也包括股权出资，被投资企业收到股东投入的股权，又被称为以本企业股权支付的股权收购。这部分内容在 3.2.4 中有详细的解释。所以非货币性资产投资，站在被投资企业角度看也是资产收购或股权收购行为。

在税收政策中，非货币性资产也有专门的解释。《财政部 国家税务总局关于个人非货币性资产投资有关个人所得税政策的通知》第五条规定：**本通知所称非货币性资产，是指现金、银行存款等货币性资产以外的资产，包括股权、不动产、技术发明成果以及其他形式的非货币性资产。**

2. 企业法律形式改变

《财政部 国家税务总局关于企业重组业务企业所得税处理若干问题的通知》规定：*企业法律形式改变，是指企业注册名称、住所以及企业组织形式等的简单改变，但符合本通知规定其他重组的类型除外。*

税收政策对企业法律形式改变的解释，范围更宽。本书所讲的企业法律形式改变则主要是指企业组织形式的改变，包括：非公司制企业改制为有限责任公司或股份有限公司，有限责任公司变更为股份有限公司，股份有限公司变更为有限责任公司等。

3. 资产（股权）划转

资产（股权）划转是资产收购或股权收购方式在特定情况下的一种重组方式，是指母公司与子公司之间以及同一控制下的子公司之间的资产或股权划转行为。

本书所讲的资产（股权）划转是指 100% 直接控制的居民企业之间，以及受同一或相同多家居民企业 100% 直接控制的居民企业之间的划转行为。划出方可能获得股权或非股权支付，也可能没有获得任何股权或非股权支付。资产（股权）划转具体包括以下几种情形。

（1）100% 直接控制的母子公司之间，母公司向子公司按账面净值划转其持有的股权或资产，母公司获得子公司 100% 的股权支付，这也可以理解为母公司以自己持有的资产或其他子公司的股权对这个子公司增资。

（2）100% 直接控制的母子公司之间，母公司向子公司按账面净值划转其持有的股权或资产，母公司没有获得任何股权或非股权支付。

（3）100% 直接控制的母子公司之间，子公司向母公司按账面净值划转其持有的股权或资产，子公司没有获得任何股权或非股权支付。

（4）受同一或相同多家母公司 100% 直接控制的子公司之间，在母公司主导下，一家子公司向另一家子公司按账面净值划转其持有的股权或资产，划出方没有获得任何股权或非股权支付。

第 **4** 章

重组中公司内部各部门分工

在企业重组的整个过程中，重组项目组需要分工明确，对接好公司内部各部门以及外部机构，协同工作达成目标。公司内部的部门涉及法务部门、财务部门、办公室、董事会秘书、销售采购部门、人力资源部门，必要时可聘请外部机构及专家协助重组的顺利推进。

4.1　法务与财务部门的工作内容

在重组业务中，参与较多的两个部门就是法务与财务部门。这两个部门不但要配合好律师与注册会计师的工作，还要全程参与。在重组前要参与尽职调查，重组中要参与重组方案的论证，重组后负责重组方案的落地执行。

法务部门在重组前要做好重组前的准备，排除重组障碍，在重组过程中要协助律师论证重组方案，协助制作各类法律文书，重组方案确定后还应当保障重组方案有效执行。财务部门需要提供各种经营数据，并负责数据的测算、报表的编制、税收政策的把控、税收筹划及减免税申请、纳税申报等具体事务。

4.1.1　法务部门的工作内容

法务部门在重组方案的制定及实施阶段的主要工作详见图 4-1。

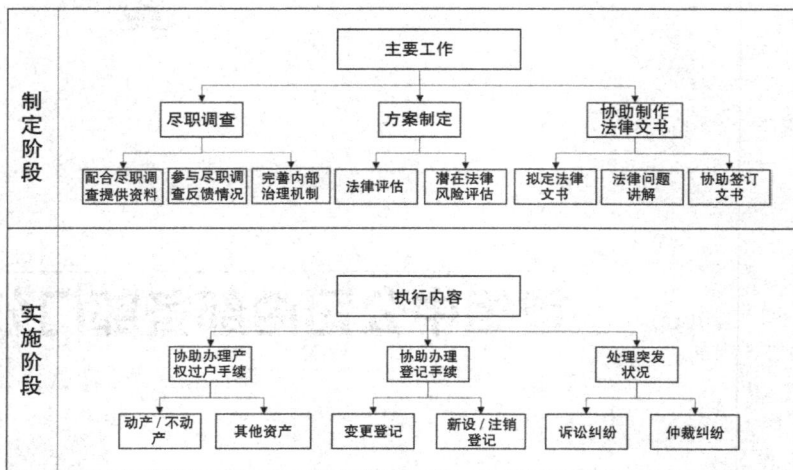

图 4-1　法务部门在重组中的主要工作

1. 制定阶段的三类主要工作

（1）配合律师团队进行重组各方的尽职调查。

主要配合律师等尽职调查人员完成尽职调查工作，包括提供由其保管的资料，如合同资料、诉讼资料、工商备案的公司资料、公司存档的内部治理文件等；资料提供完毕后参与尽职调查，进行公司内部的协调，保证尽职调查的效率，尽职调查完毕后对尽职调查的情况进行反馈；根据反馈的情况对公司内部资料以及法律方面的事务进行调整，降低法律风险，排除重组障碍。

（2）参与重组方案的制定。

结合前期尽职调查及优化的情况，从方案的合法性、合规性、可执行性角度对各个方案中潜在的法律风险进行评估，撰写方案评估报告，对方案提出建设性意见或建议，并帮助公司选定方案。

（3）协助制作法律文书。

协助重组项目组向股东或管理当局讲解方案中的法律问题。方案确定后，协助签订各类文书，包括协议、股东（大）会决议、董事会决议等。

2. 实施阶段的三项主要工作

（1）涉及资产产权变动的，协助相关人员整理与法律相关的文件资料，协助办理产权过户等手续。

（2）涉及股权变更、公司合并与分立的，需要协助相关人员办理公司的工商变更登记、设立登记或注销登记等手续。

（3）处理执行过程中产生的各种突发状况，如处理诉讼、仲裁纠纷等，及时进行沟通、处理。

4.1.2　财务部门的工作内容

在重组业务中，财务部门的主要工作详见图 4-2。

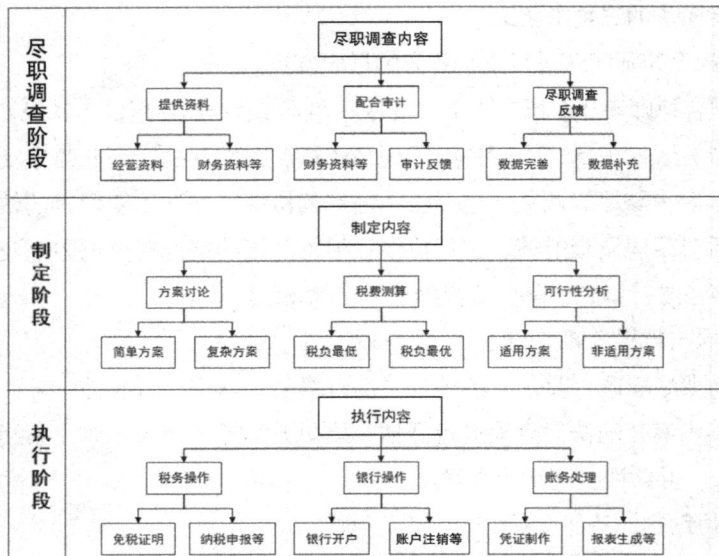

图 4-2　财务部门在重组中的主要工作

　　阶段一主要是尽职调查阶段，主要内容为提供包括资产情况、税款情况、财务状况、经营情况等在内的各类财务资料和经营资料，整理财务资料等并收集相关证据，配合会计师事务所完成审计工作，并及时反馈会计师事务所提出的审计意见；对重组各方财务资料的尽职调查所需要的数据进行完善、补充。

　　阶段二是方案制定阶段，主要内容为对简单方案和复杂方案作出可行性判断；通过测算重组中可能产生的税费成本，提出如何在税负最低和税负最优的方案中进行选择；模拟方案实施流程，通过操作的可行性进行判断，以便对适用方案与不适用方案提出意见。

　　阶段三是在方案执行阶段，主要内容为办理纳税申报和免税证明、银行开户、账户注销等手续，指导相关部门开展凭证制作、报表生成等工作，并进行恰当的账务处理。

　　在整个重组业务中，财务部门还要安排好日常的财务工作，不能因重组业务影响财务工作的正常开展。本书的第 10 章与第 11 章主要介绍了财务部门负责的涉税处理以及财务处理内容。

　　大多数企业的财务部门还承担了涉税处理业务，也有一些企业会单独设立税务部门负责涉税业务。企业重组过程产生的成本费用中，税收成本占比最高。重组是否能达到目的，需要通过未来能获得的利益来验证，重组过程产生的税收成本是实实在在的。如何在重组业务中以最小的税收代价实现重组目的是重组项目组的重要课题之一。

由于国家鼓励企业通过重组做大做强、盘活资产，因此从 2009 年起，国家就发布了一系列关于企业重组的税收优惠政策。企业重组过程会涉及各类资产的产权变动，相关的税费种类主要包括增值税、城市维护建设税、教育费附加、地方教育附加、企业所得税、个人所得税、印花税、土地增值税、契税等。

财务人员在重组业务中与税收相关的基本工作主要有以下三项。

1. 调查与资产相关的税款是否存在欠税问题

【案例】

2018 年尚城公司兼并尚品公司，兼并后的尚品公司注销，同时相关的资产负债全部转移至尚城公司，包括尚品公司一栋办公楼。由于整个兼并过程均符合特殊性税务处理，所以兼并过程几乎不产生任何税费。

兼并业务推进一直比较顺利，但是重组项目组在办理尚品公司办公楼产权过户至尚城公司的手续时，需要税务局开具契税的免税证明。税务局调查了与该办公楼相关的房产税缴纳情况，发现这栋办公楼的原证件是十年前办理的，而房产税只交了一年，于是要求尚品公司补齐房产税，再办理契税的相关手续。

虽然补交房产税并非办理契税免税手续的前置审批手续，但其让重组工作整整延后了一个月。最后尚品公司补齐了九年的房产税，才得到了契税的免税证明。

财务人员应及时将与资产相关的欠税和完税情况提供给重组项目组。

2. 在重组方案的设计阶段确定税收成本的影响

财务人员应全程参与重组方案的设计与讨论，不同的方案对税款的影响不同，必要时，需要将不同方案涉及的税款均计算出来，以便于重组项目组进行方案的筛选。

3. 资产过户过程中的纳税申报及减免税申请

资产过户过程中，除了企业所得税的申报及减免税备案资料的准备需要在年度终了后进行外，其他税费的申报与减免税申请均在过户的当期完成。

4.2　公司其他部门的工作内容

企业重组是一个需要各个部门共同协作的业务，办公室、董事会秘书、销售采购部门、人力资源部门等部门都需要配合重组项目组完成职责范围内的工作。

4.2.1　办公室的工作内容

办公室的名称在不同的公司会有一定差异，如综合部门、行政管理部门。不同公司办公室主管的内容也多有不同，大多数公司的办公室负责的是后勤保障性工作以及公司高层领导交办的事务性工作，比如管理公司公章、处理各类公司文件、接待各类访客、管理档案、协助领导组织各类活动等。

由于重组业务属于影响公司重大决策的事件之一，更是公司领导直接参与的业务，所以办公室在重组中的工作也是非常重要的。下面列举了部分办公室负责的工作，虽然无法涵盖所有的工作内容，但也能反映办公室在重组方案实施阶段所发挥的作用。

（1）向重组项目组提供各类与重组相关的公司资料。

（2）办理公司新设、公司变更登记以及公司注销登记等事宜。

如在存续分立的重组业务中，需要办理被分立公司的减资手续、新公司的新设手续等；在吸收合并的重组业务中，需要办理被合并公司的清算注销、公司合并的注册资本变更手续。

（3）负责重组过程中各类公告和通知的发布。如在存续分立重组业务中，被分立公司减资需要发布减资公告。

（4）配合重组项目组，组织各类会议等事宜。

有些重组业务需要召开多次股东会进行表决，办公室需要按照会议要求通知股东，协助重组项目组准备会议资料、安排会议场地、调试音响设备、安排就餐等。

（5）办理各种资产产权过户以及变更等手续。

有证资产的过户也是在重组业务实施过程中非常重要的环节，比如办理资产解除抵押登记，变更不动产权证书，变更车辆行驶证，变更在建工程涉及的建设用地规划许可证、建筑工程施工许可证、建设工程规划许可证、商品房预售许可证等，变更专利权证书等，都由办公室人员负责。

（6）各类档案的整理、移交、接收等。

（7）非业务类合同的变更等。

4.2.2　董事会秘书的工作内容

董事会秘书为上市公司高级管理人员。在上市公司的重组业务中，董事会秘书是重组项目组的重要成员之一，负责上市公司重组工作中的整体协调与监督工作，包括与证券交易所之间的联络、对外的信息披露、与股东之间进行沟通、筹备董事会和股东大会等事宜。

同时董事会秘书需要确定上市公司拟采用资产重组、并购重组等重组方式，是否属于中国证监会监管的事项。

比如 2019 年 3 月 1 日正式实施的《科创板上市公司持续监管办法（试行）》就明确规定，科创公司并购重组，由交易所统一审核；涉及发行股票的，由交易所审核通过后报经中国证监会履行注册程序。审核标准等事项由交易所规定。科创公司重大资产重组或者发行股份购买资产，标的资产应当符合科创板定位，并与公司主营业务具有协同效应。

如果重组对公司股价影响重大，董事会秘书应做出预判，并及时做出公司是否停牌的建议。除此之外，董事会秘书还需要负责以下几项工作。

（1）负责公司股东大会和董事会会议的筹备、文件保管，准备和提交有关会议文件和资料；负责保管公司股东名册、董事名册，大股东及董事、监事和高级管理人员持有本公司股票的资料，股东大会、董事会会议文件和会议记录等。

（2）负责处理公司因重组业务而导致的股东资料信息的变更事宜。

（3）负责办理信息披露事务。如督促公司制定并执行信息披露管理制度和重大信息的内部报告制度，促使公司和相关当事人依法履行信息披露义务，按照有关规定向有关机构定期报告和临时报告；负责与公司信息披露有关的保密工作，制定保密措施，促使董事、监事和高级管理人员以及相关知情人员在信息披露前保守秘密，并在内幕信息泄露时及时采取补救措施。

4.2.3　销售采购部门的工作内容

在分立、合并重组业务中，一部分债权债务会随着公司重组转移到另外一个公司。这些债权债务中又有一部分是在销售商品和采购货物过程中形成的，重组后这些债权债务转至新的公司，则当新公司向客户收款或向供应商再付款时，银行的户头、发票的名称、合同方的名称都会发生变动。所以销售采购部门应与客户和供应商做好沟通，做好合同的变更。

在公司分立以及合并业务中，重组前后的公司都要对重组前的业务承担连带责任，因此重组并不影响新公司继续履行债权债务。大多数情况下，持有工商行政管理部门出具的关于重组的手续，都可以在供应商以及客户那里办理购销合同户名的变更。

与客户和供应商进行沟通，基本上由销售和采购人员完成。因此，重组项目组应预判销售和采购人员在沟通中可能会遇到的问题，事先进行培训，可准备好沟通函等资料，对照公司登记的供应商及客户信息资料，采用电话、电子邮件等方式告知，必要时可携带相应资料前往客户或供应商处进行现场沟通。

接 2.3.2 小节的案例，苏运国际物流有限公司将新疆分公司分立新设为新疆苏运有限公司，制作了针对供应商的沟通函，详见图 4-3。

沟通函

致苏运国际物流有限公司新疆分公司的供应商_____：

您好，感谢一直以来对我公司的信任与支持。现我公司为了优化资源配置，提高运营效率，对公司进行重组。我公司将以存续分立的形式将原新疆分公司业务分立新设到新疆苏运有限公司。

分立前，我公司已经在 2022 年 5 月 18 日的大众日报发布分立的公告。现在公司分立已经完成，即日起，我公司新疆分公司与贵司原合作业务由新疆苏运有限公司承接并继续开展。贵司与我公司的合同无须进行合同主体变更，新疆苏运有限公司将自动承接我公司新疆分公司的所有合同的权利义务，合同继续有效。

如果贵司拟对合同主体进行变更，我公司将会安排专人对接，配合贵司提出的合理要求，因此给贵司带来的不便，敬请贵司谅解！

苏运国际物流有限公司

2022 年 7 月 11 日

图 4-3　沟通函

4.2.4　人力资源部门的工作内容

在公司分立、合并的重组业务中，转移至新公司的不仅有债权债务等，还有可能包括与转移债权债务相关的业务人员。这些随同转移的人员的社保和工资的缴纳和发放情况、合同的签订情况均需要人力资源部门全面了解。而这些人员是否会服从安排，也需要人力资源部门进行调查。

人员情况的前期调查、员工的沟通、动员大会的召开、关键人才的稳定、合同的签订等都是人力资源部门需要解决的问题。而人员的顺利转移、企业文化的融合也是重组顺利推进的重要保障。企业重组本身就是资源整合的过程，人力资源是各种资源中最为重要的资源之一，甚至对重组成败起着决定性的作用。

有人这样说过："管好人，你就管好了交易，在成功的收购中，再没有什么比人更为重要的了。"这里的人，不仅是股东、决策层人员，还包括重组项目组成员、涉及重组的执行人员和重组业务涉及的员工等。重组中关于人的问题主要分为两个层面，其内容及人力资源部门对应的工作内容如下。

1. 人的思想意识问题

重组的目的和效果、未来公司的目标定位、薪酬水平的变化、上下级人员的变动、信息发布的速度和完整性都会影响到重组利益关系人的想法和行为，甚至造成相关利益关系人的情绪波动。

重组业务导致人才流失的现象时有发生，这也是重组的决策者需要关心的事情，所以稳定关键人才是人员管理的重中之重。及时、坦率、经常性地沟通与交流，召开重组进度信息发布会议，对人才进行培训等均可以保障重组业务的顺利推进。而这一部分工作则由高管主导完成。人力资源部门应该第一时间发现问题，并及时上报给重组项目组。

2. 人员合同等相关手续的办理

在重组初期，人力资源部门应提供涉及重组的人员名单，并进行分析；重组后，根据需要办理合同的续签、社保户头的变更等相关手续。

4.3　外聘机构的工作内容

重组业务对于企业来讲，属于非常规业务。大部分企业的员工很难完全理解重组政策，以及在实务中需要关注的重点，所以需要外聘机构来帮助企业设计重组方案。

能够辅导企业进行重组的机构类型比较多，包括企业管理咨询公司、会计师事务所、税务师事务所、评估师事务所、律师事务所等，但不同的机构又有各自的专业领域以及各自擅长的方面。

4.3.1　企业管理咨询公司的工作内容

企业管理咨询公司相比于其他专业公司，其综合能力更强，其团队成员大多为注册会计师、税务师、律师、评估师等，他们不但有企业管理经验，对企业经营也有较深刻的理解。

企业重组是一个系统过程，企业管理咨询公司往往是重组项目组的核心成员，负责将企业的商业意图形成方案，同时协调会计师、律师、税务师、评估师共同完成方案的执行。企业管理咨询公司的主要工作包括以下几个方面。

1. 总调度与各项工作的协调

大多数企业对重组过程并不了解，所以在整体时间的把握、人员安排以及顺序安排等方面，都需要接受企业管理咨询公司的总调度。

重组项目组的成员结构复杂，利益关系复杂，企业管理咨询公司不但要指导好企业各部门的工作安排，还需要协调注册会计师、律师、税务师、评估师等的工作。

企业管理咨询公司在工作中要确保及时性，做到全面沟通，做好执行工作计划表，并随时召开沟通协调会议，提高企业与各机构的配合度。

2. 重组方案的编制与执行指导

重组方案的编制是重组的核心环节，企业管理咨询公司需要深刻理解企业的商业意图，熟悉企业重组的所有流程，了解与法律、税收、财务相关的政策，知晓重组备案审批环节的难易程度，设计出最优方案以及多个备选方案。

在重组方案的实施阶段，企业管理咨询公司需要掌握所有手续的办理情况，并指导重组方案的推进。

3. 解决应急事件，随时调整方案

有些复杂的重组项目历时三年至五年，其间会遭遇行政管理部门人员、政策、外部经济环境、上市监管程序、国有资产管理程序等的变化，还可能出现在实施重组方案过程中股权被冻结、股东逝世等情况，这些都会导致重组方案的不适用。

企业管理咨询公司要有充足的经验以及较强的应变处理能力，对有可能发生的影响事件要随时关注，并设置多个备选方案，以确保重组项目的顺利推进，最终实现企业的商业意图。

4.3.2　会计师事务所的工作内容

在重组业务中，会计师事务所主要承担出具财税尽职调查报告、审计报告，进行财务分析预测等工作。一些重组经验丰富的资深注册会计师，也可以直接指导一些简单的重组业务。会计师事务所工作主要包含以下几个方面。

（1）查找有可能影响重组的财税因素，并出具尽职调查报告。尽职调查报告的内容在本书第 6 章有重点介绍。

（2）出具重组基准日或指定时点的审计报告。但并不是所有的重组都需要出具审计报告，一般涉及上市的重组业务、国有企业重组业务，或者对股权价值需要明确计量的重组业务才需要出具审计报告。

注册会计师出具的审计报告有简式审计报告与详式审计报告两类。

①简式审计报告根据四种意见类型，分为无保留意见审计报告、保留意见审计报告、否定意见审计报告、无法表示意见审计报告。报告内容简明扼要，根据财政部印发的《独立审计具体准则第 7 号——审计报告》的要求编制。这种审计报告的用途广泛，使用者大多为不特定人群。

②详式审计报告一般用于非常规委托审计，是根据委托人的要求进行审计后形成的审计报告。

由于尽职调查报告的委托人往往有特殊要求，注册会计师需要根据委托人要求，进行定制化的审计，出具详式审计报告，详式审计报告没有固定格式。

（3）财务分析预测，又称为经营数据的预测分析，也是会计师事务所经常接受委托的事项之一。

注册会计师可以通过财务分析工具对经营数据进行预测分析，帮助企业对重组后的变化做出预期判断，在分析过程中注册会计师还可以对企业内部控制管理中出现的问题进行分析判断，帮助企业降低损失，查找出现经营问题的原因。

（4）指导企业进行财税的合规化操作。

企业重组涉及的财务处理与税款的计算与日常经营活动有较大的差异。在重组过程中，会计师事务所可以指导企业正确计算税款、进行纳税申报，以及准确进行账务处理，如实反映重组业务的真实情况。

4.3.3　税务师事务所的工作内容

在涉税业务较为复杂的重组业务中，重组项目组也会单独聘请税务师事务所参与重组业务。特别是对重组业务有着丰富经验的税务师事务所，其对重组中的涉税问题研究得更为透彻，在税收筹划上可以给予重组项目组更好的协助。

税收成本是重组过程中的最重要的成本之一。而国家也给予重组业务很多税收优惠政策，如何理解这些政策，以及利用这些政策，都需要税务师出具重组业务的税收意见报告。

重组方案不同，涉及的税款计算与纳税时点也会有所不同。税务师事务所的主要工作包括以下三项内容。

（1）尽职调查期间了解重组资产的完税情况。如果重组资产涉及欠税，需要评估其对未来获得免税过户手续的影响。

（2）参与重组方案的涉税测算，并出具重组方案的纳税意见书以体现不同重组方案的税款差异。

（3）指导重组企业办理免税手续和完税申报，协助重组企业整理各类重组业务的税收备案资料。必要时，可与重组企业的财务人员一同前往税务机关，与税务人员沟通是否适用免税政策。

有关重组涉税方面的介绍在本书的第 10 章有单独的介绍。由于内容繁杂，一章很难穷尽重组涉及的所有涉税问题，所以咨询专业的税务师事务所是有必要的。

4.3.4 评估师事务所的工作内容

企业重组中的标的如果包括股权、固定资产、存货、专利技术等资产，并且交易的各方无法确定价格，或者交易各方有上市公司、国有企业时，就可以聘请评估师事务所对交易标的出具评估报告。各方以评估报告中的估值作为谈判的依据。

为确保评估的价格公允、减少争议，评估师事务所可以由重组交易的双方共同委托。资产评估的目的是确定资产重组的交易价格，评估采用的方法主要包括三种。

1. 重置成本法

重置成本法是指预估被评估的资产在评估基准日重新购买或者建造的价值，或考虑成新率的影响后计算价值的方法。该方法适合用于评估固定资产、存货等能持续使用的有形资产的价值。

2. 未来收益法

未来收益法是将被评估资产在未来使用期间所产生的未来净现金流量，贴现至评估基准日的现值之和作为资产价值的方法。该方法适合用于评估无形资产、商标、股权等难用其他方法评估的资产的价值。

3. 现行市价法

现行市价法是将被评估资产在公开市场上的现行销售价格作为价值的方法。使用该方法的前提是被评估资产存在公开且活跃的交易市场，有充足的交易比对价格。

4. 综合方法

综合方法是同时使用上述方法，再根据一定的权数综合计算得出被评估资产价值的方法。该方法适合在市场因素复杂或者难以用一种方法准确衡量的情况下使用。

无论采用哪种评估方法，评估师事务所都应当取得证据、履行必要的评估程序，对被评估资产在评估基准日的价值发表专业书面意见。资产评估报告模板如图 4-4 所示。

资产评估报告

资产评估师声明

评估报告摘要

评估报告

一、绪言

二、委托方与被评估单位简介

三、评估目的

四、评估对象和评估范围

五、价值类型及其定义

六、评估基准日

七、评估依据

八、评估方法

九、评估过程

十、评估假设和限定条件

十一、评估结论

十二、特别事项说明

十三、评估报告的法律效力

十四、评估报告使用限制说明

十五、评估报告提出日期

附件 1：房屋建筑物的评估说明

附件 2：无形资产的评估说明

附件 3：评估报告书附件

图 4-4 资产评估报告模板

4.3.5　律师事务所的工作内容

企业重组是市场行为，必须在法律法规的框架下进行，律师事务所参与重组工作能够保证重组合法、合规。律师事务所参与重组主要涉及以下工作。

（1）参与法律部分的尽职调查，通过尽职调查发现可能对重组产生影响的因素，提示企业，并出具尽职调查报告。尽职调查的具体内容详见本书 6.1.1 小节。

（2）根据尽职调查的情况，协助企业清理重组的障碍，为企业重组做好准备。

（3）参与制定重组方案，对企业选择的重组方案提供合规意见，从法律角度分析各个方案存在的法律风险，帮助企业决策。

（4）企业选定方案后，律师事务所则需要在企业法务的配合下协助企业完成重组方案的内部审批程序，例如召开股东（大）会进行表决。召开股东（大）会时应注意会议的召集程序、表决程序以及表决内容等需符合公司法及企业章程的规定，确保形成的股东会决议及内部审批程序等合法有效，防止遗留法律风险。

（5）重组方案在企业内部完成审批程序后，律师事务所根据重组流程拟定各种法律文书，如企业分立重组协议、企业章程等，确保重组方案有序实施。

（6）协助企业完成重组协议的签订，向相关方讲解重组协议内容，帮助相关方充分理解协议内容。

（7）协助企业执行重组方案，指导企业完成股权变更以及设立、注销、增资、减资、资产的过户等手续，确保重组过程合法、合规且有序进行。如果重组过程中出现任何问题，则及时与各个部门以及行政审批中心、不动产登记中心等进行沟通并解决问题，保证重组工作有序进行。如果重组过程中产生了纠纷，则由律师事务所委派律师作为代理人处理诉讼、仲裁事务。

第 **5** 章

重组前的商业尽职调查

公司重组前有必要对影响重组的各类因素进行调查。

尽职调查人员要确定企业面临的问题是否可以通过重组来解决，影响重组的因素有哪些，是否能够解决影响重组的问题。

5.1 以重组为目的的尽职调查

企业在确定重组主体后，要制定详细的重组方案；通过对重组主体实施尽职调查来确定重组主体是否符合重组条件，重组后是否能实现企业的商业意图，并对重组方案的制定与实施提供有价值的信息。

商业意图不同，尽职调查的范围、调查内容、调查程度都存在差异。尽职调查的工作主要由重组项目组承担。调查完成后，撰写一份完整详尽的尽职调查报告是非常重要的。

5.1.1 尽职调查的原则有哪些

由于尽职调查的范围较为宽泛，为节省时间，提高效率，在进行尽职调查时需要遵循以下几项原则。

1. 独立性原则

尽职调查人员虽然服务于重组项目组，隶属于特定组织，但在业务层面的判断上，调查人员均应保持独立性，要独立地进行尽职调查并做出自己的判断，态度上要客观公正，实事求是。尤其不能受重组后对个人利益的影响，片面收集数据材料并做出判断。

重组项目组应对尽职调查人员的独立性进行了解，并要求尽职调查人员采取回避制度。对与自身有重大利害关系的，尽职调查人员应主动回避。

2. 重要性原则

尽职调查应围绕影响重组目的的内容展开，对产权归属、重要资产状况等重要事项进行调查。全面性调查更为可靠，但往往需要更多的时间、精力和成本，也可能会导致错过重组最佳时期。所以对重组目的影响不大的事项不需要进行尽职调查，避免眉毛胡子一把抓。

重要性原则还体现在资料的收集过程中，资料并不是收集得越多越好，比如同类型的合同，保留一份纸质样本即可，同类型的其他合同可以电子形式存档备查。无法确定资料是否需要收集时，要现场判断，复印最重要的资料，其他资料可拍照留存。

3. 相关性原则

大多数尽职调查都有时间限制，因此尽职调查人员应充分理解重组目的，对涉及重组目的的相关资料进行收集，在不涉及重组目的的事项上不要浪费时间、精力和人力。

4. 保密性原则

目标公司提供的许多关键性信息都有一定的私密性，因此调查人员负有保密义务，应签订保密协议，尤其是调查中能够直接接触公司机密文件的人员。同时在收购方接触到目标公司的文件之前，也需同目标公司签订保密协议。如果重组未实现而机密泄露，将造成严重的损失。

5.1.2　如何确定尽职调查范围

尽职调查服务于实现重组各方的商业意图，所以尽职调查工作需要在尽量短的时间、以较低的成本代价取得全面且恰当的信息。为提高尽职调查效率，需要提前确定需要调查公司的范围、调查内容的范围。

1. 调查公司的范围

涉及重组的业务大多与股权相关，所以一般情况下，重组涉及的所有公司都属于尽职调查的范围。必要时，还需要了解被重组公司的股东情况。

根据重组目的，还需要确定重组公司的子公司、分公司、联营与合营公司是否也属于尽职调查的范围。

2. 调查内容的范围

提高尽职调查效率、缩短尽职调查时间，达到尽职调查目的，确定恰当的调查内容是尽职调查的核心。尽职调查的内容范围可利用三线理论来圈定，详见图5-1。

图 5-1　确定尽职调查内容范围的三线理论

（1）第一条线是重组的目的，也就是重组拟实现的商业意图。

重组拟实现的商业意图可参考本书第 2 章的内容。重组的目的不同，那么尽职调查所重点关注的内容就不同，详见表 5-1。

表 5-1　不同重组目的对应的尽职调查内容

序号	重组目的	尽职调查重点内容
1	开拓市场，扩大规模	目标公司的股权情况、环境情况、经营管理情况、资产与人员情况、法财税情况等
2	盘活资产，融通资金	资产权属状况、资产来源、资产的财税情况、资产所属公司及重组公司的股权情况、资产及股权是否处于抵押状态等
3	合规经营，降低成本	商业模式、涉税资产情况、行业及产品的税收优惠政策享受情况、股权情况等

（2）第二条线是重组的方式。

重组拟采用的方式以及支付方式不同，尽职调查的内容也不尽相同。如果重组各方的支付方式以股权支付为主，那么股权对应的资产、负债，以及与公司相关的各种资源、或有负债、环境、经营管理、人员等都是尽职调查的重点，股权也是重点调查的内容。

如果支付方式是非股权支付（以非货币性资产为主），那么尽职调查要相对简单一些，主要对非货币性资产的来源以及权属情况等进行详尽调查即可。

（3）第三条线是重组的风险。

重组的风险也决定了尽职调查内容的深度，也就是细致度。根据重组的商业意图，尽职调查人员应从价值与风险两个角度，把握尽职调查的深度。

如果重组带来的预期价值较高，企业就愿意承担更大的风险来实现重组，确定的尽职调查的重要性水平也会更高。比如，重要性水平确定为 100 万元，那么价值在 100 万元以内的事件被定义为不重要事件。当然在实际工作中，重要性水平也不完全根据量化水平来确定，还需要根据性质来确定，如企业对违法行为的态度也可用于确定重要性水平。

5.1.3　尽职调查的方法有哪些

开展尽职调查，需要运用各种方法获得相关的信息和资料，再通过分析论证判断重组主体的真实情况，具体方法详见表 5-2。

表 5-2　尽职调查方法

序号	调查方式		具体内容
1	实地调查与观察	观察	观察员工上下班、加班的情况以及日常开会、工作时员工之间、部门之间的协同表现，了解企业文化和领导人风格
		勘察	对企业厂房、土地、农业资产、矿产资源等进行实地勘察，了解资产价值
		盘点	对重要存货、机器设备等进行抽盘，了解资产的使用状态
2	资料查询	内部资料查询	对财务账套、会计凭证、内部流转单据、会议纪要、各类合同、业务文件、各类分析报告、产权证件等企业内部形成与保存的相关资料进行查询，了解企业真实情况
		第三方资料查询	对审计报告、评估报告、征信报告、行政处罚等第三方出具的相关文件资料进行查询，从第三方角度了解企业真实情况
3	信息验证	公开信息验证	通过访问企业网站、媒体账号，查阅新闻报道、行业报刊、第三方咨询机构分析报告等方式，获取有关目标企业及所在行业的外部信息

序号	调查方式		具体内容
3	信息验证	官方信息验证	通过工商行政管理部门、税务部门、市场监督管理部门等政府职能机构以及银行、证券交易所等其他机构，调取目标企业的如工商备案资料、纳税申报资料、资质申请与审批资料等由第三方记录、保存的资料
4	访谈询问	正式访谈	根据尽职调查目的设计好访谈提纲，通过对核心人员的访谈，了解企业的实际经营情况、市场情况、员工信心等内容，判断企业内部控制的有效性、战略落地以及与纸质资料的吻合度
		非正式访谈	利用工作用餐、车间盘查、门卫等车等时间，创造向基层人员了解企业情况的机会，这种情况下所收集到的信息往往不会被刻意粉饰，更具有真实性
		调查问卷	根据调查内容，提出相关问题并以调查问卷的方式，让企业内部或外部合作单位填写，以获取想要了解的信息
5	函证查询	书面函证	通过对债权人、债务人、供应商、客户等进行书面函证，验证通过其他方式获取的各类资料与信息的真实性与准确性
		电话询证	通过电话、视频等方式，验证通过其他方式获取的各类资料与信息的真实性与准确性
6	分析测试	分析性程序	利用趋势分析、结构分析等方法对通过各种渠道取得的资料进行分析，发现企业是否存在异常以及影响重组的重大问题等
		穿行测试	对企业内部控制有效性进行判断，在交易循环中选择一笔或多笔代表性业务进行跟踪，确定内部控制制度的完善度对重组是否存在重大影响
		抽样	从全部调查研究对象中抽取一部分进行调查，并据以对全部调查研究对象做出估计和推断，反映调查对象的总体情况

5.1.4　尽职调查基本工作流程有哪些

为重组而开展的尽职调查工作由重组项目组安排专人完成。尽职调查从立项到最终出具审批通过的尽职调查报告，主要分三个阶段，详见图5-2。

（1）前期准备阶段。重组项目组根据重组目的确定调查的范围、制定调查方案，并据此选择合适的人员或者另外聘请中介机构组成尽职调查项目组，签订好保密协议并分配好工作后进行现场调查。

（2）现场调查阶段。尽职调查人员根据实际情况，通过不同的调查方法获得重要信息，并将信息组织起来形成调查结论。

（3）报告整理阶段。在整理报告过程中，需要根据是否达到重组目的来进行调整，并通过审批来确认是否需要修改调查范围，增加资料的收集，重复现场调查等工作，直到报告符合重组目的。

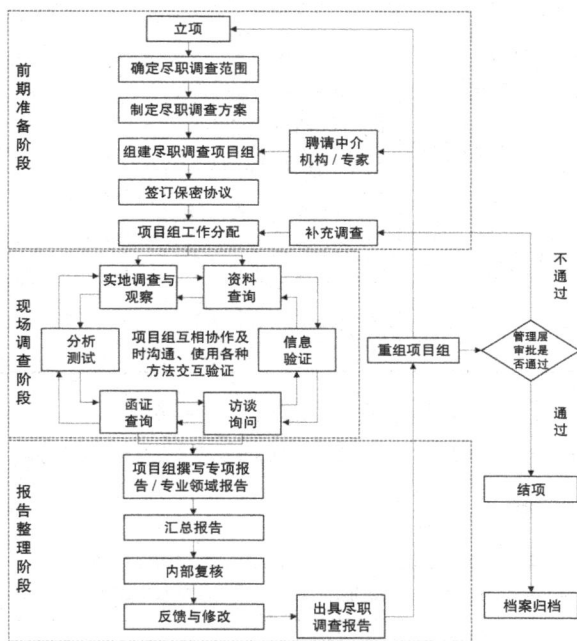

图 5-2　尽职调查基本流程

如果重组业务较为简单，尽职调查工作也会相应简化，甚至不需要出具正式的尽职调查报告。尽职调查工作的繁简程度根据重组业务的繁简程度确定。

5.1.5　如何撰写尽职调查报告

尽职调查报告是重组项目成员或项目组完成尽职调查工作后撰写的总结，是帮助决策者做出判断与决策的重要参考。

要撰写出一份完整的尽职调查报告，项目组需要合理分工。项目组成员会根据各自的分工出具专业领域或专项的尽职调查子报告，重组项目组对这些子报告提供的信息进行综合分析后，根据重组目的撰写尽职调查报告。

可根据项目组成员的专业领域开展尽职调查，也可以按照重点专项开展尽职调查，这两种分工形成的尽职调查子报告名称可参考表5-3。

表5-3　尽职调查子报告分类

序号	分类标准	尽职调查子报告名称
①	专业领域	商业尽职调查报告
		法律尽职调查报告
		财务尽职调查报告
		税务尽职调查报告
②	专项调查	股权尽职调查报告
		经营情况尽职调查报告
		资产情况尽职调查报告
		员工情况尽职调查报告
		……

重组项目组对尽职调查子报告的信息进行分析整理，再根据重组目的撰写一份内容完善、重点明确且通俗易懂的尽职调查报告。尽职调查报告按重组目的主要分为三种类型，见图5-3。

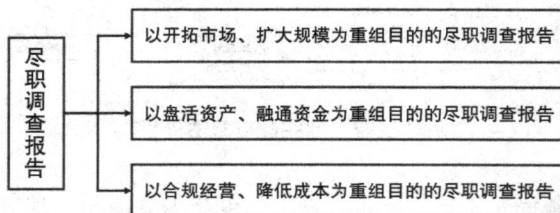

图5-3　尽职调查报告分类

不同重组目的的尽职调查报告，包含的重点内容也不相同，以开拓市场、扩大规模为重组目的的尽职调查报告模板如图5-4所示。

×××有限公司
尽职调查报告

一、尽职调查的目的和工作范围

......

二、公司情况

1.公司基本情况概述

2.各主要业务基本情况介绍

......

三、行业环境调查

1.行业发展现状

2.主要业务市场现状

3.产品定位情况

......

四、公司环境

1.公司战略

2.现行商业模式

3.组织架构

4.企业资质

5.主要客户及供应商

......

五、公司经营情况

1.公司盈利能力情况

2.公司财务状况

......

六、影响重组事项的重要说明

1.股权情况

2.资产抵押、担保情况

......

图5-4　以开拓市场、扩大规模为重组目的的尽职调查报告模板

5.2　企业环境的尽职调查

在以开拓市场、扩大规模发展为重组目的的重组业务中，收购另外一家企业前，对该企业的环境进行调查尤为重要。

本书所讲述的企业环境由内部、外部环境构成，包括企业所处的行业情况、区域环境、国家政策等外部环境，以及企业的内部治理环境，包括企业战略设置

与执行情况、商业模式及盈利策略、组织架构合理及有效情况、人力资源的管理与薪酬分配、企业文化等方面。

5.2.1　如何调查行业背景

为了实现多元化经营、向上下游产业链延伸、扩大公司规模等目的，通过股权收购、合并进行重组时，对被重组方的行业背景进行调查是重组尽职调查中十分重要的一项内容。被重组方所处的行业发展前景如何、市场规模如何、是否属于国家鼓励类行业、有哪些机遇与挑战等，都需要在重组开始前展开调查。行业背景调查内容详见表5-4。

表 5-4　行业背景调查内容

序号	调查范围	调查重点
1	行业基本情况	包括对行业的诞生原因及其客户痛点、行业周期特征、区域分布、产品及技术水平与特点、常见经营模式与商业模式、销售模式、盈利模式等行业基本情况的调查
2	行业发展情况	包括对国内与国外的行业发展历程、近年来行业产值增长情况、产品与技术发展更迭情况、行业所处的发展周期，以及与行业相关的产品与服务是否能够持续被客户需要、是否存在对行业形成挑战的新技术或新产品等行业发展情况的调查
3	国家政策情况	包括对公司所在国、主要市场所在国的行业的现行政策情况、国家政策导向、可能发生的政策变化以及行业对国家政策敏感程度等的调查
4	市场容量	包括对行业所处市场的现有容量大小与饱和度、潜在需求的发展趋势、行业公司的进入与退出趋势等的调查
5	市场竞争	包括对行业龙头企业、直接竞争对手的经营情况、经营策略变化情况以及其近5年的盈利情况、年生产能力、年实际产量、年销售数量、销售收入、市场份额、在国内市场的地位等的调查
6	行业准入要求	主要是对行业进入壁垒的调查，包括行业从业资质要求、技术水平要求、专有技术垄断情况、资本投入实力要求等

5.2.2　如何调查了解公司战略

公司战略是公司为提高自身核心竞争力、统一内部各员工思想与目标、实现差异化而制定的长期基本目标。公司战略是减少员工内部的矛盾，引导和激励员工的重要手段，同时也是制定公司预算的基础。

公司战略是公司决策层，甚至是公司一把手的意志体现，它能够提高公司的预见性、主动性，克服公司的短期行为，并为公司长期发展指明方向。因此，在重组前，要对公司总体战略以及各细分战略进行系统、全面的调查。

总体上，对公司战略的尽职调查可从战略制定情况、战略执行策略、战略理解与认可度着手，具体详见表 5-5。

表 5-5　公司战略调查内容明细表

着手点	具体项目	调查内容
战略制定情况	战略目标	公司总体战略是否清晰明确； 公司的发展战略、竞争战略（产品差异化战略、区域差异化战略等）、职能战略（如营销战略、品牌战略、融资战略、技术开发战略、人才开发战略等）等是否围绕总体战略目标进行分解
	战略落地	是否采用实现战略的工具应用，如是否设置了清晰的战略地图，是否采用 OKR（目标与关键成果法）等战略落地工具等
战略执行策略	实施路径	是否设定了适当的量化关键指标，是否制定了明确的战略实施路径，战略实施路径及制胜策略与关键指标是否形成逻辑关系
	战略执行	是否对公司总体战略实施了有效的分解，战略实施落地的方向是否偏离整体战略目标
战略理解与认可度	战略宣贯达成共识	在达成战略共识方面采取了何种措施以及所产生的效果是什么，战略规划等是否被一定数量的员工知悉，战略目标是否形成对员工的有效牵引
	战略牵引	

对公司战略的尽职调查可结合收集资料、正常访谈与非正常访谈、现场观察等方法，了解公司的战略规划是否深入人心，并达到上下同心的效果。

5.2.3　怎样调查现行商业模式

简单来说，商业模式指的就是公司通过与他人之间的交易或联结方式获得盈利的模式。一个好的商业模式意味着公司拥有更强的盈利能力与市场竞争能力，所以在合并、股权收购等重组业务中，重组方的首要关注点是商业模式。

重组项目组可以通过公司的产业模式、核心竞争力、盈利模式调查来了解公司的商业模式，详见表 5-6。

表5-6 商业模式调查内容

序号	着手点	具体项目	调查内容
1	产业模式	市场定位与客户关系	调查公司是否进行过市场划分，是否能够清晰定位与描述目标客户群体，能否准确掌握客户痛点与需求点，是否同其客户建立起稳固的联系
		业务流与销售渠道	调查公司目前主要的销售渠道、销售策略以及业务流程，了解其对销售目标的达成发挥了何种作用
2	核心竞争力	关键业务价值	调查公司关键业务的类型以及不同的业务能够为不同类型客户创造的价值量情况，判断关键业务的不可替代性以及是否属于该公司形成的独特业务
		核心资源	调查公司是否存在形成利润的特有品牌价值、资格资质、生意逻辑等资源，这些资源是否具有不可替代性
3	盈利模式	资金流	调查公司形成现金净流入的能力，这种能力是否为公司带来足够的资金支持
		盈利能力	通过数据分析以及现场观察等手段，调查公司是否赚钱、赚钱是否可持续，即是否具备赚钱以及可以持续赚钱的能力
		运营能力	调查公司利用资产赚钱的能力有多强、利用资本赚钱的能力有多强，以及公司资产和资本赚钱的速度有多快

5.2.4 其他内部环境的尽职调查

其他内部环境还包括企业的组织架构、人力资源和企业文化。

1. 组织架构

合理的组织架构是企业员工有序、高效开展工作的基础，恰当合理的组织架构可以减少组织的沟通成本，优化内部控制管理的效果。

组织架构包括部门架构、岗位结构、岗位职责等。

调查组织架构时，不仅要观察组织架构是否建立，还要关注组织架构对提升工作效率、减少内耗、缩短部门之间的沟通时间、加快企业发展速度是否发挥作用。

2. 人力资源

人力资源尽职调查的内容包括人员的岗位职责、社保缴纳情况、薪酬绩效考核情况、劳动用工合同管理、人员流动情况、关键岗位人员的稳定措施、人工效率情况、关键人员对重组的态度等。

人员整体情况,可以通过调查员工年龄结构、学历结构、流动性、专业技能结构等情况进行评估。

还应调查员工安置及相关负债情况,如解聘计划涉及的经济补偿金,残疾员工、不在岗员工及离退休人员情况,正式或非正式的奖金、承诺,拖欠的工资、加班报酬、休假等。

对高管人员基本情况的调查尤为重要。对这些人员是否会服从安排,在新企业继续任职,也需要进行调查。高管人员调查重点如表 5-7 所示。

表 5-7　高管人员调查重点

序号	调查范围	调查重点
1	任职资格与任职情况	调查了解高管人员的受教育经历、专业资格、从业经历及主要业绩,以及在公司担任的职务与职责
2	胜任能力与勤勉尽责情况	调查了解高管人员曾就职的其他公司的规范运作情况及经营情况,分析高管人员管理公司的能力; 就公司现状及发展前景,从经验、专业、管理等方面对高管人员的胜任能力及勤勉尽责情况进行调查
3	薪酬及兼职情况	调查公司为高管人员制定的薪酬方案、股权激励方案等; 调查高管人员在内部或外部的兼职情况,分析高管人员兼职情况是否会对其工作效率、质量产生影响

3. 企业文化

企业文化是一个组织中由其价值观、信念、仪式、符号、处事方式等组成的其特有的文化形象,是一种组织氛围,企业在日常运行中所表现出的各方各面都可以体现企业文化。企业文化具有独特性、继承性、相融性、人本性、整体性和创新性。

对企业文化进行调查时,除了收集相关的资料外,还需采用观察、访谈等方法了解企业文化的影响。企业文化与非物质激励相关,良好的企业文化能够激发员工的使命感、归属感、责任感、荣誉感与成就感,让员工在遇到制度、职责没有涉及的工作时依旧能够围绕企业需要完成工作。

5.3 经营情况的尽职调查

企业重组的目的是开拓市场、扩大规模等，因此尽职调查的核心内容还包括对目标企业经营状况的调查。

目标企业的产品与业务范围、历史经营状况和经营成果、所处行业地位、上下游产业链条、研究与开发能力等都属于与经营相关的调查范围。有关财务方面的调查，本书会在第 6 章中重点阐述。

5.3.1 产品与业务的尽职调查

无论是基于什么样的重组方式，重组方都希望以最小的风险获得最大的价值。对目标公司的经营情况进行调查，目的是了解公司过去及现在创造价值的机制，以及这种机制未来的变化趋势。而经营情况调查首先应围绕公司主要产品与业务展开。

如果不对公司产品与业务进行调查，即使是十分有前景的收购，最终也可能造成收支失衡，最初看起来很有吸引力的交易也很有可能因为业务运营上存在风险而失败。产品与业务调查范围及重点调查内容见表 5-8。

表 5-8 产品与业务调查范围及重点调查内容

类别	调查范围	主要调查内容
产品方面	生产管理情况调查	1. 了解公司主要产品的生产流程、生产核心技术及关键生产环节，分析评价其在行业中的领先程度，了解公司生产的复杂度 2. 了解公司主要产品的设计生产能力和历年实际产量，了解各生产环节是否存在瓶颈制约 3. 获取内部质量控制文件，了解公司质量管理组织和设置、质量控制制度及实施情况，获取质量技术监督部门文件，调查公司产品是否符合行业标准，是否因质量问题受到过质量技术监督部门处罚 4. 获取公司安全生产及以往安全事故处理等方面的资料，调查公司是否存在重大安全隐患

续表

类别	调查范围	主要调查内容
产品方面	主要产品情况调查	1. 获取公司主要产品的介绍及说明文件，了解其种类、功能用途、所满足的客户需求和消费群体 2. 调查主要产品所处的生命周期，处于导入期、成长期、成熟期、衰退期中的哪个阶段，调查目标公司产品寿命 3. 调查主要产品的技术含量（所应用的关键技术及所达到的技术指标）；了解公司对提高现有产品质量、增强竞争力等采取的措施及新产品研发计划 4. 计算主要产品毛利率及贡献毛利占当期主营业务收入的比重等指标，与同类公司数据对比，分析其与同行业公司在成本方面的竞争优势或劣势
	产品销售情况调查	1. 调查主要产品合同签订金额与销售收入配比情况 2. 调查各类产品的销售收入在总收入和利润中所占比重等指标，以及各类产品在行业中所占市场份额和变动趋势 3. 调查主要产品是否向消费者提供售后服务，若提供，需要查验售后服务或消费者保障协议或合同
业务方面	业务模式与流程调查	1. 调查了解公司关键业务模式，如对生产模式、采购模式、销售模式、研发或服务模式、盈利模式等进行调查 2. 结合业务模式对生产、采购、销售、研发等关键业务流程及管理制度进行调查
	业务行业背景调查	主要包括行业基本情况及发展情况等，具体内容详见 5.2.1 小节
	关键资源调查	1. 调查商标、专利、非专利技术等无形资产的数量、取得情况、实际使用情况、使用期限或保护期、最近一期期末账面价值、是否存在纠纷等情况 2. 调查取得的业务许可资格或资质情况 3. 特许经营权（如有）的取得、期限、费用标准等情况 4. 调查公司独特的、可持续的技术优势等

5.3.2　客户与供应商的尽职调查

对经营情况的调查，不仅包括对目标公司产品及业务进行调查，还包括查清上游供应商、明确下游客户群体，这些都是了解公司的关键支出、收入、利润和再发展能力的重要依据，对目标公司所处的行业上下游产业链进行调查分析是至关重要的。可以基于本公司内部掌握的资料，调查主要客户、供应商的情况，以判断与客户、供应商的交易是否存在问题，客户与供应商调查范围及重点调查内容详见表 5-9。

表 5-9　客户与供应商调查范围及重点调查内容

类别	调查范围	主要调查内容
采购	市场供求	调查公司主要原材料、重要辅助材料、所需能源动力的市场供求状况
	采购模式	调查公司的采购模式，查阅公司产品成本计算单，定量分析主要原材料、所需能源动力价格变动、可替代性、供应渠道变化等因素对公司生产成本的影响，调查采购是否受到资源或其他因素的限制
	主要供应商情况	1.取得公司主要供应商（至少前10名）的相关资料，计算最近三个会计年度公司向主要供应商采购的金额、占公司同类原材料采购金额和总采购金额的比例（属于同一实际控制人的供应商，应合并计算采购金额），判断是否存在严重依赖个别供应商的情况，如存在，是否对重要原材料的供应做出备选安排 2.取得公司同前述供应商的长期供货合同，分析交易条款，判断公司原材料供应及价格的稳定性
	采购与生产的衔接	1.调查公司采购部门与生产计划部门的衔接情况、原材料的安全储备情况，关注是否存在严重的原材料缺货风险 2.计算最近几期原材料的周转天数，判断是否存在原材料积压风险，实地调查是否存在残次、冷背、呆滞的原材料 3.调查公司存货管理制度及其实施情况，包括但不限于存货入库前是否经过验收、存货的保存是否安全以及是否建立存货短缺、损毁的处罚或追索等制度
	关联方采购情况	1.与公司主要供应商沟通，调查公司高管人员、核心技术人员、主要关联方或持有公司5%以上股份的股东在主要供应商中所占的权益情况，是否发生关联采购 2.如果存在影响成本的重大关联采购，抽查不同时点的关联交易合同，分析不同时点的关联采购价格与当时同类原材料市场公允价格是否存在较大差距，判断关联采购定价是否合理，是否存在大股东与公司之间的利益输送或资金转移情况
销售	市场地位	1.调查公司产品的市场定位、客户的市场需求状况，是否有稳定的客户基础等 2.搜集公司主要产品市场的地域分布和市场占有率资料，结合行业排名、竞争对手等情况，对公司主要产品的行业地位进行分析 3.了解公司主要产品的定价策略，评价其产品定价策略的合理性
	销售模式	1.了解公司的销售模式，分析其采用该种模式的原因和可能引起的风险 2.了解公司的市场认知度和信誉度，评价产品的品牌优势

续表

类别	调查范围	主要调查内容
销售	主要客户情况	1. 取得或编制公司主要客户（至少前 10 名）的销售额占年度销售总额的比例及回款的情况，判断是否过分依赖某一客户（属于同一实际控制人的销售客户，应合并计算销售额） 2. 分析公司主要客户的回款情况，判断是否存在以实物抵债的现象 3. 如果存在会计期末销售收入异常增长情况，需追查相关收入确认凭证，判断是否属于虚开发票、虚增收入的情形
	关联方销售情况	1. 调查主营业务收入、其他业务收入中是否存在重大关联销售，关注高管人员和核心技术人员、主要关联方或持有公司 5% 以上股份的股东在主要客户中所占的权益 2. 抽查不同时点的关联销售合同，分析不同时点销售价格的变动，并与同类产品当时的市场公允价格比较；调查上述关联销售合同中，产品最终实现的销售情况。如果存在异常，分析其对收入的影响，分析关联销售定价是否合理，是否存在大股东与公司之间的利益输送或资金转移现象

5.3.3 研究与开发的尽职调查

对被重组方的经营情况进行调查时，研究与开发能力是非常重要的调查内容。公司要想在激烈的市场竞争中谋求生存，首先就要靠有竞争力的产品，公司的生存和发展建立在有生命力的主导产品上，而主导产品的竞争力和生命力都需要依靠对核心技术的不断研究与开发。研究与开发调查范围及重点调查内容详见表 5-10。

表 5-10 研究与开发调查范围及重点调查内容

序号	调查范围	调查重点
1	研发模式和机制	取得公司研发体制、研发机构设置、激励制度等资料，调查公司的研发模式和研发系统的设置和运行情况，分析是否存在良好的技术创新机制，是否能够满足公司未来的发展需求
2	研发人员	研发人员的数量、人员结构、学历水平、引进机制、人员流动性以及研发人员的培育机制等，分析人才储备以及核心研发技术掌控情况，是否能满足公司未来的发展需要
3	技术水平	1. 调查公司拥有的专利、非专利技术、技术许可协议、技术合作协议等，了解技术是自主研发的还是购入的，分析公司产品的核心技术，考察其技术水平、技术成熟程度、同行业技术发展水平及技术进步情况 2. 对公司未来经营存在重大影响的关键技术，应当予以特别关注和专项调查

续表

序号	调查范围	调查重点
4	研发潜力	1. 取得公司主要研究成果、在研项目、研发目标等资料，调查公司历年研发费用占公司主营业务收入的比重、自主知识产权的数量和质量、技术储备等情况，对公司的研发能力进行分析 2. 与其他单位合作研发的，取得合作协议等相关资料，分析合作研发的成果分配、保密措施等问题

5.4　股权的尽职调查

企业分立、合并、股权收购以及涉及股权支付的资产收购和债务重组等都会涉及重组主体的股权变动。由于股权的历史问题会随着股东的变化而转嫁给新股东，因此股权的尽职调查较为重要。

股权的尽职调查内容应包括但不限于股权架构的整体情况、股权设置是否存在瑕疵以及股权的历史沿革等情况。

5.4.1　如何了解股权架构整体情况

在分立、合并、股权支付等重组业务中，涉及重组业务的公司不仅是单一公司，有的时候会涉及公司集群，牵扯到数个甚至数十个公司。公司股东出于公司传承、经营风险隔离、合作开展、税收筹划等多种考虑，会在这些公司中构建起严密且复杂的股权关系网络。

因此尽职调查人员除了关注公司本身的股权设置情况之外，在重组开始前还需要对目标公司及其上下游公司的整体股权架构进行调查。股权架构可分为三层架构：传承架构、投资人架构、经营层架构，详见图5-5。

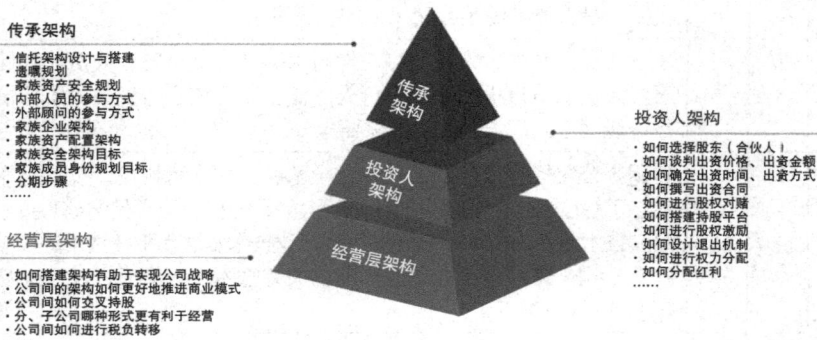

传承架构
· 信托构架设计与搭建
· 遗嘱规划
· 家族资产安全规划
· 内部人员的参与方式
· 外部顾问的参与方式
· 家族企业架构
· 家族资产配置架构
· 家族安全架构目标
· 家族成员身份规划目标
· 分期步骤

投资人架构
· 如何选择股东（合伙人）
· 如何谈判出资价格、出资金额
· 如何确定出资时间、出资方式
· 如何撰写出资合同
· 如何进行股权对赌
· 如何搭建持股平台
· 如何进行股权激励
· 如何设计退出机制
· 如何进行权力分配
· 如何分配红利
· ……

经营层架构
· 如何搭建架构有助于实现公司战略
· 公司间的架构如何更好地推进商业模式
· 公司间如何交叉持股
· 分、子公司哪种形式更有利于经营
· 公司间如何进行税负转移
· ……

图 5-5　三层股权架构

大多数公司的设立都基于当时的经营需要，并未经过严谨的设计，更不用说能够区分出哪些公司是投资人架构中的，哪些是经营层架构中的。所以在尽职调查时，应该了解每个公司的经营情况以及公司设立的原因。必要时，应画出实际的股权架构图，便于设计重组方案。

5.4.2　如何开展股权设置调查

股权设置调查是对被重组公司现有股权设置情况的深入调查。一个公司的股权设置包括三个维度、十二项内容。

股权设置的三个维度分别是"进""持""退"，即股权设置的尽职调查应分别从股权进入情况、股权持有情况、股权退出情况展开。这三大维度又可以细分为十二项，详见表 5-11（股权进入设置的情况调查内容参考）、表 5-12（股权持有设置的情况调查内容参考）、表 5-13（股权退出设置的情况调查内容参考），调查者可以根据重组类型与调查需要判断调查的深度。

表 5-11　股权进入设置的情况调查内容参考

序号	调查范围	调查重点
1	出资人调查	调查被重组企业出资人身份背景情况，了解其对企业发展以及重组事项的态度，评估其对重组决策的影响程度
2	合作方式调查	企业的性质不同，也决定了自然人之间的合作关系不同。有限责任公司是股东之间的合作，合伙企业则是合伙人之间的合作，所以应清晰了解重组主体的性质，以及投资人之间的法律关系
3	出资金额调查	出资人是否存在出资瑕疵或抽逃出资
4	出资比例调查	各股东出资比例是否有利于重组，评估重组后是否存在股东僵局风险等
5	出资方式调查	出资到位的证据是否合法、完整，出资标的物是否已办理产权转移，企业是否能够实质控制标的物
6	出资身份调查	现有股东是否为真实出资人，是否存在代持股的情况
7	出资时间调查	现有股东是否还有未出资到位的情况以及原因

表 5-12 股权持有设置的情况调查内容参考

序号	调查范围	调查重点
1	分权情况调查	"三会"权利设置是否有明确制度文件，"三会"职能是否正常履行
2	分红情况调查	现有股东分红是否存在特别约定，是否已按章程约定进行分红
3	分工情况调查	现有股东是否为在职状态，处于何种岗位，其权力的划分是否有明确规定，在职股东是否存在逾权或不作为等情况

表 5-13 股权退出设置的情况调查内容参考

序号	调查范围	调查重点
1	退出规则调查	章程对股东正常退出、非正常退出、资本市场退出的约定是否完备
2	退出情况调查	以往股东退出或转让的情况是否符合程序规定，相关证据是否齐全，税金是否正常计算缴纳

5.4.3 如何进行股权历史沿革调查

对股权历史沿革调查，除了解企业的历史背景与发展历程，最重要的是判断是否存在可能导致股权纠纷的风险点。如果重组的目的是进入资本市场，那么对待股权瑕疵则是零容忍的态度。股权历史沿革调查内容如表 5-14 所示。

表 5-14 股权历史沿革调查内容

序号	调查范围	调查重点	调查内容
1	出资情况调查	章程规定与实际出资情况是否相符	股东姓名、出资证据等与章程、股东会决议核对一致
		出资是否到位	审查出资证据是否完整、真实、合法
		出资是否抽逃	到位资产利用情况的审查
2	变更情况调查	变更约定与实际变更情况是否相符	历次股权变更的章程修正案与股权变更的相关证据核对一致
		变更出资真实性	审查变更交易资金流的真实性
		是否足额缴税	审查股权转让涉及税金的税票以及申报情况

续表

序号	调查范围	调查重点	调查内容
3	分配情况调查	分配政策调查	合理性，是否兼顾股东利益与公司发展需要；合法性，是否符合相关法律法规；稳定性，是否能够按照规定定期执行
		实际分配情况调查	是否存在侵害公司与其他股东利益的不合理分配；历史分配金额及分配方式等是否符合章程约定；是否存在已确定但尚未发放完毕的分配款项；分红的计算依据、分红款的发放情况
		是否足额缴税	与分红相关的税款是否已经如期缴纳，是否存在股东漏缴、少缴个人所得税风险
4	其他调查	股权是否质押	历史股权架构情况
		相关资料的工商备案情况	股权架构变动情况

第 6 章

6

重组前的法财税尽职调查

在重组业务相对复杂的情况下，重组项目组会聘请更为专业的机构来协助完成重组业务。在进行尽职调查时，由于专业机构立足于各专业领域展开工作，因此尽职调查可分为商业尽职调查、法律尽职调查、财务尽职调查、税务尽职调查等。

商业尽职调查立足于被调查企业的内外部环境、经营现状及未来预期、商业意图的可实现程度等方面，在第 5 章做了重点介绍。本章将介绍在法律、财务、税务领域开展的尽职调查活动。

6.1　法律尽职调查

法律尽职调查，是指在企业重组业务中，由法务人员或企业聘请的律师事务所委派的律师，从法律的角度对重组当事人以及重组标的等展开调查，目的是帮助企业和重组团队充分了解企业，发现和分析企业存在的法律风险，提出解决方案，形成尽职调查报告。

6.1.1　法律尽职调查范围的确定

法律尽职调查的范围主要包括主体资格审查、股权情况调查、内部治理结构调查、资产情况调查、债权债务调查、重要交易合同调查、人资关系法律调查、重大诉讼或仲裁调查等，具体内容见表 6-1。

表 6-1　法律尽职调查范围

序号	调查范围	主要内容
1	主体资格审查	1. 企业是否依法设立并合法存续，包括审查企业注册登记及其延续的资料、企业目前存续状态的资料等 2. 企业的经营资格是否与经营业务匹配，包括审查企业经营的业务是否需要特定行业或特定经营项目资质以及企业是否具备相应资质，例如企业从事劳务派遣业务是否具备相应的劳务派遣资质
2	股权情况调查	主要包括股权现状、历史沿革等，具体调查内容见 5.4 节

序号	调查范围	主要内容
3	内部治理结构调查	内部治理结构以及运行方式是否与法律、章程匹配，包括：审查股东（大）会、董事会、监事会的历史会议记录及其决议等资料；企业董事、监事、股东任职资格的资料；企业章程的规定，尤其需要关注股东（大）会、董事会、监事会的会议召集、表决等规定
4	资产情况调查	企业资产的取得及现状，包括审查与资产取得相关的合同、权属文件，有关资产现状的资料等
5	债权债务调查	1. 审查企业的债权尤其是大额债权的情况，包括债权形成的相关合同、履约情况，债权是否经过诉讼或者仲裁程序等 2. 审查企业的债务尤其是大额债务的情况，包括债务形成的相关合同、履约情况，股东或者第三方是否为债务提供担保，相关债务是否存在抵押等
6	重要交易合同调查	审查企业尚未履行完毕的重大交易合同，以及对重组后有重大影响的合同情况，包括重大交易合同、履约情况的资料以及后续履约计划等。具体调查要点见 6.1.2 小节
7	人资关系法律调查	审查企业人资情况，包括企业员工的构成、劳务合同、劳动合同、劳务派遣协议等
8	重大诉讼或仲裁调查	主要针对公司、公司股东、公司董事、公司监事及其他高管涉诉情况进行调查，具体调查内容见 6.1.3 小节

6.1.2　合同情况的尽职调查

简单来讲，企业与他方建立各种民事法律关系时所表现出来的形式就是合同。对于尚未履行完毕的重大交易合同，或者虽然履行完毕但仍会对重组以后的各方产生重大影响的合同，都在尽职调查范围中。

1. 合同签约主体的审查

与企业签约的相对方通常为自然人、法人、其他组织，应当审查相对方的主体资格。

（1）对于自然人，需要考虑是否具备完全民事行为能力，如果签约的相对方为限制民事行为能力人或者无民事行为能力人，则合同可能存在效力问题。

（2）对于法人和其他组织，则需要考虑是否合法存续。

除了审查主体资格外，如果是尚未履行完毕的重大合同，还应当通过中国裁判文书网等网站关注合同相对方的涉诉等信息，关注相对方的履约能力的变化。

2. 合同签订程序的审查

企业内部对于合同的签订，会授予治理层不同的权限，尤其是担保类合同，如果仅仅加盖公章或者只有法定代表人签字，可能因为缺乏董事会或者股东会决议而被认定无效，故对部分合同需要考虑合同签订的程序问题。如果高管未能完成章程约定的内部程序，则可能需要承担赔偿责任等。

3. 合同内容的审查

企业重组中涉及股权交易的，合同审查的范围相对较宽，企业的重大合同都会影响到重组后的持续经营。对于不涉及股权支付的资产收购重组业务，合同审查的重点应是获得资产产权的合同。对于债务重组类业务，合同审查重点应是债权形成的合同。

与股权、资产等相关的合同的审查重点已经在其他章节做过重点介绍，本小节仅重点介绍借款与保证合同的审查内容，详见表6-2。

表6-2　借款与保证合同的审查内容

序号	合同类型	审查内容
1	借款合同	借款合同包括股东或企业对外借入或者借出款项的合同。 1. 借款合同的性质，是否名为借款合同实际为股权投资合同、合伙合同等 2. 借款合同是否存在法律规定的无效情形 3. 签署借款合同根据章程的规定是否应当取得股东会或者董事会同意，若规定取得而未取得，则高管可能需要因此承担赔偿责任 4. 借款金额、利率、用途等借款条款的约定以及实际履行情况 5. 是否约定担保以及实际履行情况
2	保证合同	保证合同包括股东对外签署的保证合同、企业对外签署的保证合同、股东或企业接受其他方担保的保证合同。 1. 保证合同是否存在法律规定的无效情形 2. 保证合同约定的保证方式以及保证期间等 3. 主债务的情况

6.1.3　涉诉情况的尽职调查

涉诉审查是法律尽职调查中非常重要的审查内容。拟参与重组的企业或者涉及股权支付、合并、分立重组的企业的股东存在涉诉行为、已经发生纠纷尚未进入诉讼程序，或者存在重大纠纷可能性事件的，尽职调查人员都应该给予高度关注。

1. 对公司以及高管涉诉情况的调查

在公司重组过程中，需要对公司自身以及高管涉诉的情况进行重点调查。了解公司的涉诉情况，有利于提示风险，便于后续制定重组方案时考虑涉诉的情况，确保方案能够有效落地。

对于涉诉情况的调查，一般从案件类型、案件进程、案件结果等多个角度进行分析，将尽职调查中发现的公司管理风险书面向公司汇报、提示，并给予解决方案。

对于公司以及高管涉诉情况的调查，尤其需要重点关注未结诉讼。企业的未结诉讼可能导致公司的资产被法院保全，关键性资产被保全可能会导致重组过程中无法进行交易，进而导致无法进行后续的重组；公司高管的未结诉讼则可能导致其在公司的股权被查封无法进行交易，进而给重组带来障碍。

2. 涉诉情况尽职调查的主要方法

（1）询问、查阅。

要了解公司的涉诉情况，可以直接询问公司的法务人员，如果公司没有法务人员，则与公司安排的人员进行沟通。除上述人员外，还可以向公司的资产管理人员和财务负责人了解公司财产是否存在被保全的情况，向人力资源专员了解是否存在劳动仲裁等案件。对于公司高管的涉诉情况，则需要询问相关人员了解情况，并由相关人员提供资料协助完成后续的尽职调查。

通过上述询问，已经对公司以及高管的涉诉情况有了大致的了解，此后应根据了解情况形成表单提供给公司，由公司准备尽职调查需要的涉诉资料，尽职调查人员应对相关资料进行查阅。

（2）公开途径查询。

基于某些原因，当事人可能不愿如实回答其涉诉情况，也可能存在公司存档资料记录的涉诉情况不全面的情况，故对公司以及高管的涉诉调查，除了向公司询问、查阅资料外，还应当通过公开信息查询渠道进行查询，比如可以选择查询公司所在地、相关人员的经常居住地、公司不动产所在地的人民法院官网，还可以通过中国执行信息公开网、中国裁判文书网等检索是否存在其他涉诉信息。

6.1.4 重大资产产权关系的尽职调查

对涉及资产转移的重组业务，资产的品质与效能、产权关系、价值都是尽职调查的范围，而产权关系的确定则是核心内容。在股权收购、企业合并等重组业务中，产权关系的调查内容还包括未在企业财务报表中体现的各类资源，如企业的资质、特许权、专有技术、高新技术企业称号等。

对可能影响重组的资产及其产权关系调查内容，详见表 6-3。

表 6-3　资产及其产权关系调查内容

序号	资产类型	具体调查内容
1	机器设备、存货等无证资产	外购资产需调查采购合同及相关发票以及资金支付记录； 自产资产需要调查领料、生产、入库、销售合同等相关资料，并调查是否存在委托加工、委托代销情况； 若为融资租入的固定资产，需调查有关的融资租赁合同，证明其非经营租赁； 通过现场盘点可以确定资产的当前状态，如果资产已经消失，应判断其是否以另外的形态存在
2	房产、土地使用权、汽车、发明专利等有证资产	调查有关购买合同、不动产权证书、车辆行驶证、船舶所有权证书、专用证书、财产税单、抵押借款的还款凭据、保险单等文件、资金支付凭证以及调查是否存在产权转移的限制情况等
3	工程类资产	在建工程需要调查工程审批文件、规划图纸、施工许可证、建设用地规划许可证、建设工程规划许可证、商品房预售许可证、建造合同等资料
4	企业各类资质	调查招投标文件、合同、资质证书、申请材料、政府文件等资料确认产权

在调查过程中，发现证件户头不符的，需要进一步排查原因。比如企业是否发生过更名导致户头不符；不动产权证书尚未更新是否是因为不动产权属存在权力限制；不动产是否处于抵押状况；有些产权证丢失，是否能够顺利补办；有些产权证是否由于纠纷问题或者消防问题没有办理下来。这些情况都需要尽职调查人员认真排查，落实清楚。

6.2　财务尽职调查

财务尽职调查工作，主要由重组项目组中的财务人员完成，重大重组项目、较为复杂的重组项目或者有政策要求的情况下，会聘请会计师事务所等一同参与尽职调查工作。

调查人员需要了解生成财务报表背后的内部控制机制、会计政策和会计估计，对税务合规性以及财务报表的真实性和准确性等进行确认。以收购企业为目的的重组业务，还需要调查人员根据财务报表做趋势分析，了解财务预测的基础假设，确保对公司估值时，报表数据的准确性。

6.2.1　如何根据三线理论确定财务调查内容

在确定了需要调查的企业范围以及年度范围后，可进行财务尽职调查。财务尽职调查的基本内容可参考表6-4。

表6-4　财务尽职调查基本内容

序号	调查范围	调查重点
1	财务部门状况调查	财务人员结构、财务账簿设置及记录情况、会计核算系统及电算化水平、财税合规管理以及风险管控标准
2	会计政策与会计估计调查	会计政策恰当性，会计估计合理性
3	财务状况调查	资产账面记录与实际情况、可变现价值、资产使用情况、资产负债结构
4	盈利前景及预测可靠性调查	销售收入、销售量、单位售价、单位成本、毛利率的变化趋势
5	现金流分析	经营活动现金流、投资活动现金流、融资活动现金流
6	财务指标分析	应收账款周转率、存货周转率、流动比率、速动比率、净资产收益率、毛利率、资产负债率等
7	关联交易情况	关联方情况、关联交易内容及金额、关联往来余额、关联方债务情况
8	预算情况	未来销售趋势、未来业态的调整、未来发展方向
9	业务情况	主要产品及服务、主要供应商和客户及竞争对手情况、销售模式、核心技术及专利情况等

实际操作中，财务尽职调查人员需要按照重要性原则来确定财务调查的具体范围，5.1.2小节提到的三线理论，在确定财务调查范围时同样适用。

1. 第一条线，重组的目的

（1）以开拓市场、扩大规模为目的的企业重组。

持有这类目的的重组方首先关心的是目标企业的可控性、目标企业的资产规模及营运能力、盈利及发展能力是否符合其重组的商业意图，以及重组需要付出的代价。

所以在财务尽职调查时，应当偏重于了解以下内容。

①目标企业是否具备重组方拟获取的资源，包括目标企业的产品与业务、行业地位和竞争状况，以及目标企业自身经营优势和劣势、总体资产规模和资产质量、负债状况和收入结构等，还包括目标企业的增长潜力、目标企业盈利能力和获取现金流能力的相关指标等。

②目标企业净资产规模等与重组付出代价相关的数据及影响因素。

③目标企业的股权情况及其关联方情况，对其独立性做出判断，是否形成对关联方的依赖等。

（2）以盘活资产、融通资金为目的的企业重组。

由于交易标的及重点在于目标企业的资产，因此应重点关注目标资产情况，调查内容主要包括重组资产范围、资产权属、资产价值及资产品质和效能。

（3）以合规经营、降低成本为目的的企业重组。

以合规经营、降低成本为目的的企业重组，主要是指结合市场行情等对企业的资金、人力、技术等要素进行重新分配，对企业资源进行优化整合，重新构建新的营销与运营模式，从而提高企业的经营管理水平，降低成本。

如何通过税收优惠政策引导来降低成本也是财务尽职调查重点探究的问题，因此在进行财务尽职调查时，要结合现阶段国家的税收政策，考虑企业税收细则问题，降低企业税收成本。

对以收购企业方式达到获得定价权的重组，要对拟收购企业做较为详细的财务尽职调查，范围可以参考目的（1）中的内容。

2. 第二条线，重组的方式

若重组拟采用的方式以股权支付为主，那么股权的审查将成为重点关注的内容。如果支付方式是非股权支付（以非货币性资产为主），那么尽职调查要相对简单一些，主要对非货币性资产的来源以及权属情况等进行详尽调查即可。

3. 第三条线，重组的风险

若重组带来的预期收益较高，尽职调查的重要性水平可设置得较高，在确定了调查范围后，就可以依据重要性水平来确定调查项目。比如，按照重组项目组的评估，尽职调查的重要性水平确定为 1000 万元，那么对于 1000 万元以上的单项，或累计超过 1000 万元的同类资产才需要重点关注。

重要性水平可以按重组资产的类别或者重组的不同项目分别设置，也可以按重组事项的性质来确定。

6.2.2　如何确定合并方式下的财务状况调查重点

企业合并重组方式下的财务状况尽职调查与其他重组方式的关注点不同。除财务整体状况的调查外，要特别关注有些资产、负债的现实情况会影响合并重组的操作。

（1）谁更适合成为被合并企业。

通过调查各拟被合并企业的资产、负债以及未在财务账面体现的各类资源、或有负债，确定是否存在受政策或其他因素影响无法被合并的问题，并收集解决此类问题的材料。

如拟被合并企业的特许经营权、高新企业资格等无法通过合并转移至合并企业，并且这个特许经营权非常重要，是本次合并最重要的资产之一，那就有可能变成反向合并。

（2）拟被合并企业的财务状况是否属实。

被合并企业与合并企业的净资产也决定了合并过程中的支付对价，所以合并双方的财产状况也是尽职调查中的重点内容。

比如，一些年代久远的企业，账实不符的情况时有发生。这些情况会影响到资产的价值确认，需要尽调人员认真排查，落实清楚。

（3）拟被合并企业的经营状况是否符合商业意图。

拟通过兼并实现对合并企业的战略调整、改善经营状况、扩大规模目的的，拟被合并企业的经营状况是合并业务中关键的调查内容之一。通过查看目标企业财务报表，了解目标企业的资产运营能力的情况、新产品及技术等开发情况等。通过财务指标，分析目标企业的发展情况、偿债能力、营运能力等，从而判断合并后能否产生持续盈利的效果。

需要收集和分析的目标企业的财务状况资料包括但不限于：资产负债表、银行贷款情况资料、担保情况资料、信用情况资料、往来款的对账资料、重大业务合同、企业资质证书、商标证书、专利权证书、著作权等无形资产的证明文件和证书等、车辆行驶证、各类票据以及质押登记资料等。

6.2.3　如何确定分立方式下的财务状况调查重点

企业分立重组方式下的财务状况尽职调查与合并方式的关注点不同。企业分立是对企业规模的切割，除财务整体状况的调查外，尽职调查人员要特别关注无法分立的资产、负债的影响情况，并与重组方案相结合，根据不同解决思路收集相关的资料信息。

1. 债权债务

对于债权债务的分割，未必所有的债权人与债务人均同意将债权债务转至新设分立的公司，应重点关注有可能不同意的债权人与债务人，并列出名单。

2. 存货

一般情况下，存货均可以分割转移至新设分立公司。但要对无法分割的存货以及对应的账面金额进行统计确认，比如不宜分割的整体货物、正在流水线中的在产品等，应尽量进行整体转移。

3. 长期股权投资

被分立公司对子公司的股权，可以随其他资产一同分到新设分立公司。如果被分立公司并非拥有百分之百的持股权，或者拥有的是处于质押状态的持股权，则需要与管理当局以及律师共同判断是否可取得子公司的其他股东过半数同意，或者是否可以解除质押状态。

4. 有证资产

有证资产相关的证件包括：不动产权证、车辆行驶证、专利证书等。因为企业分立，对相关资产进行分割的同时，与其相关的产权证书需要变更到分立公司。而在抵押状态的资产无法办理变更户名的手续，会影响到分立的开展，所以需要收集是否可解除抵押的相关资料与证据。

5. 在建工程

在建工程转移相对复杂，工程建设前期，是以被分立公司的名义办理了与建设相关的证书，包括：建设工程规划许可证、建筑工程施工许可证、建设用地规划许可证等。所以需要对在建工程的工程造价情况、在建状态、发票的获取情况、对应的债权债务以及已经获取的证件、是否存在纠纷等影响分立的信息进行收集。

6. 银行贷款

银行贷款通常情况下无法分立，主要是因为银行授信以及信用额度无法分割。

银行在大多数情况下对企业重组抱有谨慎态度，一是担心分立会削弱企业偿债能力，二是担心未来企业通过分立将资产分流而影响对银行的偿债。一旦银行信心下降，则会下调信用等级，这将对企业发展影响巨大。

有银行贷款的企业对待分立要谨慎，需要调查银行的态度以及是否具备协调的空间。

7. 实收资本

分立过程必然存在注册资本的变更。分立后企业注册资本之和、实收资本之和不能高于分立前企业的注册资本、实收资本。因为未实缴到位或者抽逃出资情况会影响分立方案的设计，所以也需要做好调查。

8. 未分配利润

未分配利润无论是正数还是负数均可以进行分割。如果被分立企业存在亏损，分立亏损也会影响分立后企业的企业所得税的计算，影响可弥补亏损的额度，所以对未分配利润也要做好调查。

6.2.4 如何确定其他方式下的财务状况调查重点

除企业合并与分立重组方式下的财务状况尽职调查外，其他重组方式下调查的关注点也各有不同。

1. 以股权为标的的收购或支付重组方式

以股权为标的的收购或支付重组方式中，都会涉及股权。股权是股东对目标公司的权益，此种方式下，需要对目标公司做整体的调查。在确定具体审查范围时，需要对重组风险做出判断，以重要性水平来缩小调查的范围。

如果收购或支付的股权不会对目标公司的实质控制产生影响，那么调查时应围绕股东对目标公司的持股权益和安全交易展开。如果重组后会改变目标公司的实质控制，那么财务尽职调查的范围则需要扩大，具体可参考合并方式下的财务尽职调查。

2. 以资产为标的的收购或支付重组方式

以资产为标的的收购或支付重组方式中，资产的产权关系、资产的品质和效能、资产的价值都是调查的重点。资产的产权关系在 6.1.4 重大资产产权关系的尽职调查中已经做了介绍。资产价值的调查主要基于账面情况，包括收集和分析购买时间、购买渠道、使用时间、折旧计提情况等资料。

资产品质和效能对收购价格有较大影响，这也关系到重组后技术改造的投入金额。因此，应重点关注拟收购的资产是否存在低效、无效问题，必要时可邀请行业专家协助现场盘查，完成对资产品质及效能的调查。调查重点内容如下。

（1）机器设备、电子设备等资产是否处于在用状态，工艺技术能否满足重组后产品升级换代的需求，产出率以及产品的品质是否符合要求。

（2）是否存在生产线不完整等情况。

（3）车辆、船舶等资产是否出现过重大事故，是否可正常使用，可使用年限是否在国家规定强制淘汰年限内。

（4）不动产是否处于闲置状态，内部的装修是否需要更新，结构功能是否符合重组要求。

（5）资产的维修成本是多少，未来的维修成本是否会大幅度变化。

3. 债务重组方式

在债务重组方式下，重组对价的支付方式是重点关注内容。如果是债转股方式，那么对股权的调查是核心。大多数的债务重组企业的股权没有太大的价值，是否能以最小的投资代价获得企业扭亏为盈，是判断重组风险的核心。

所以财务尽职调查时需要了解目标企业可利用的资源，以及测算让债务企业重新步入正轨所需要的资金量。

6.2.5　重组主体盈利能力及发展能力情况的调查

在企业合并、股权收购等重组业务中，被重组方盈利能力等是财务尽职调查的重点内容。通过对企业盈利能力、发展能力与同行业数据的对比，分析企业在行业中所处的地位，确定企业的估值水平，以及盈利能力与发展能力是否符合重组要求。

1. 盈利能力的分析

盈利能力分析主要包括结合行业及市场情况分析利润结构、毛利率、期间费用率、净利润率等指标，并与同行业可比企业或企业历史情况进行横向或纵向对比，确定利润率水平差异的原因，并结合资产负债表分析资产的盈利能力，结合现金流量表判断利润质量。

2. 发展能力分析

发展能力分析相当于企业盈利能力的持久情况分析，发展能力指标是评价被重组企业是否符合重组目的的非常重要的指标。

尽职调查人员可以通过分析目标企业过去连续几年营业收入增长率、营业利润增长率、总资产增长率等指标的变化，来推测其未来的发展能力。同时还可以根据目标企业的盈利预测假设，结合目前市场发展趋势、以前年度计划实际完成情况以及目标企业现有规模和生产能力，分析评价预测的合理性及可行性。

3. 利润表的调查

如果数据异常，分析结果与所了解到的其他信息不吻合，还要去调查企业利润表是否能在重大方面公允反映企业的经营成果，是否存在粉饰利润表的情况。利润表主要报表项目调查重点详见表6-5。

表6-5 利润表主要报表项目调查重点

序号	调查项目	调查重点
1	调查年度	根据企业3—5年的盈利情况来判断企业的盈利能力以及趋势，这也是判断企业发展情况的依据
2	营业收入	1. 了解企业销售或提供服务流程，分析账务处理和业务流转之间的关系，判断企业收入确认原则及确认依据是否合理 2. 获取收入合同台账、开票明细及出入库单据、物流记录、销售退回记录等资料并进行核对，核查收入确认的真实性及收入确认期间的准确性 3. 获取主要收入的产品构成、地域构成及其变动情况的详细资料，分析收入及其构成变动情况是否符合行业和市场周期的变化情况
3	营业成本	1. 了解企业生产经营各环节成本核算方法和步骤，核查其与报告期内成本核算方法是否保持一致 2. 获取采购合同台账、材料出入库单据、人工工时记录、燃料动力费单据、成本结转明细表、在制品明细等资料并进行核对，核查成本确认的准确性、合理性及完整性 3. 获取主营业务成本明细表，了解产品单位成本及构成情况（包括直接材料、直接人工、燃料动力及制造费用等）并结合市场和同行业企业情况判断其合理性

续表

序号	调查项目	调查重点
4	期间费用	1. 调查销售费用时，结合行业销售特点、销售方式及流程、销售激励制度、回款要求、售后承诺等事项，分析销售费用的完整性、合理性 2. 调查管理费用时，分析是否存在异常管理费用项目，如存在，可以通过核查相关凭证、对比历史数据、与同行业可比企业比较等方式予以重点调查 3. 调查财务费用时，结合银行借款或付息债务，对其利息支出情况进行测算；结合固定资产、在建工程，确认大额利息资本化的合理性；关注控股股东、实际控制人或关联方占用资金的相关费用情况
5	非经常性损益	调查影响利润的其他项目时，调查非经常性损益的来源、取得依据和相关凭证及相关款项是否真实收到、会计处理是否合规，并分析其对目标企业财务状况和经营业绩的影响

调查人员通过历年数据比对、与预算数据比对、结构性比对等手段，发现利润表各项目的异常变动情况并分析原因。

6.2.6 重组主体的现金流量及现金运营能力调查

企业的盈利质量是影响企业估值的重要因素之一。如果企业的盈利并未使得企业获得足够的现金流，那么企业即使盈利能力很强，仍然会无法偿还到期债务，导致无法持续经营的严重后果。

因此，对目标企业的现金流量进行调查分析是非常重要的。对现金流的分析主要基于目标企业的现金流量表，现金流量表把现金的来源和去向分成三个部分，分别是经营活动产生的现金流量、投资活动产生的现金流量和筹资活动产生的现金流量。

1. 经营活动产生的现金流量数据分析

经营活动产生的现金流量是证明企业是否有造血能力的重要指标，可以说是企业发展的命脉。因此首先要对目标企业经营现金流量进行分析，如果目标企业有很大的销售量，但应收账款过多、经营性现金流长期为负数，就会出现有利润没有现金的尴尬情形。

通过对盈余现金保障倍数、债务保障率等指标的分析，可判断目标企业真实盈利能力和持续经营能力。

2. 投资与筹资活动产生的现金流量数据分析

目标企业的投资活动现金流量主要可比照企业的在投项目的投入，以及固定资产、无形资产的变动进行对比分析；筹资活动现金流量主要可比照其历次融资资料及相关合同进行对比分析，对于股权融资，也可通过了解其历次融资的股权价格进行分析。

3. 现金流量表的调查

在对企业的现金流量进行分析时，对不同期间现金流量表数据之间的变动以及呈现出来的现金流量情况无法给予合理的解释时，还需要对报告期经营活动产生的现金流量净额的计算进行必要的复核。

首先要调查现金流量表的编制依据是否符合要求，再对现金流量表主要报表项目进行重点调查，调查重点见表 6-6。

表 6-6　现金流量表主要报表项目调查重点

序号	项目	公式	调查重点
1	经营活动产生的现金流量	经营活动产生的现金流量＝经营活动现金流入－经营活动现金流出	1. 调查企业对于经营活动现金流量是否存在操纵情况。如是否篡改现金流量性质，是否将筹资活动现金流入或投资活动现金流入粉饰为经营活动现金流入；又如是否通过关联方在期末大量偿还应收账款或支付预付款项，下期再将资金以多种形式返还给关联方 2. 对收到、支付的其他与经营活动有关的现金金额过大的，要详细调查原因
2	投资活动产生的现金流量	投资活动产生的现金流量＝投资活动现金流入－投资活动现金流出	1. 调查投资活动产生的现金流与企业所处的发展阶段是否相匹配。如企业处在建设初期或发展扩大阶段，其投资活动产生的现金流量一般为负数 2. 调查投资活动的类型。其中关注重点是涉及非流动资产购买和出售的相关部分。对于增加资产，需要关注其投资成本及投资收益的高低；对于减少资产，需要关注其是否会损害企业未来发展动力和潜力
3	筹资活动产生的现金流量	筹资活动产生的现金流量＝筹资活动现金流入－筹资活动现金流出	1. 调查筹资活动的主要来源。筹资活动的现金流入来源一般为权益性来源或债务性来源，其中权益性来源占比越高，说明企业资金实力越强 2. 调查企业的筹资活动的主要现金流出。筹资活动的现金一般用于支持现有生产或者用于投资，需要调查其是否已经纳入企业的发展规划，是企业管理层以扩大投资和经营活动为目标的主动筹资行为，还是企业由于投资活动和经营活动的现金流出失控而不得已的筹资行为 3. 调查筹资情况与企业规模、主营业务、实际资金需求是否匹配

6.3　税务尽职调查

为重组业务而开展的税务尽职调查，类似于一种专项调查。由于税务师事务所对于重组税务政策的制定和执行更为了解，所以企业针对特别复杂的重组业务，可聘请税务师事务所对涉税业务进行专项调查，并配合完成后续的税款测算、纳税申报、免税申请及资料备案等工作。

6.3.1　税务尽职调查范围的确定

税务尽职调查从三个角度展开，一是针对被重组企业的纳税情况调查，二是在重组过程中会产生多少税收成本，三是评估重组后的纳税影响。

1. 被重组企业的纳税情况调查

在股权收购以及合并等重组业务中，应根据税法的相关规定核查、确认目标企业的纳税状况，并结合会计审计报告、税务审计报告对比确认目标企业是否存在未纳税、少纳税等状况，以便进行目标企业递延税项价值评估，从而为重组各方的商业谈判和议价提供基础资料和判断依据。

企业的税务状况是衡量目标企业合法经营与否的重要指标，也是判断目标企业是否存在税务风险的基本依据。当目标企业需要提高企业估值水平时，往往会主动将隐匿的收入重新记入财务报表中，与之相关的欠缴的税款也会体现在财务报表中。

尽职调查人员需要评估被重组企业的欠税金额对重组可能存在的重大影响。比如企业存在大额的城镇土地使用税或房产税欠税等情况，在合并重组的房地产产权转移时，税务部门会要求企业补齐欠缴的城镇土地使用税或房产税，则企业需要募集资金优先缴纳税款，会在一定程度上影响重组手续的办理速度。

2. 重组过程中的税收成本

企业重组的过程往往伴随着资产产权、股权的变更，进而产生税款的缴纳。国家鼓励企业通过重组实现扩张、发展等目的，发布了关于重组的税收优惠政策。

不同的重组方式也会形成不同的税款金额，企业是否能利用好税收优惠政策，就需要尽职调查人员具体分析不同重组方式下所形成的税款。

3. 重组后的纳税影响

在涉及分立 、合并等需要注销企业的重组业务中，尚在进行中且没有开具发票的业务如何进行税款的清缴，如何合并或者分立至其他公司等，都需要与当地主管税务机关进行有效沟通。

6.3.2 重组资产的涉税情况调查

企业合并、企业分立、资产收购等重组方式经常涉及资产的转移，尽职调查人员应关注重组资产过户涉税情况、重组资产的相关原始凭证是否符合税法要求、重组资产是否涉及税收历史遗留问题等。

1. 重组资产过户涉税情况

尽职调查人员要确认资产正常的交易过户涉及哪些税种及适用税率、税款的计算方法，采取重组交易可以享受哪些税收优惠政策，享受税收优惠政策需要满足哪些特殊要求和条件等。这些信息可以帮助重组项目组判断采用更有利于推动重组的方式。

2. 重组资产的相关原始凭证是否符合税法要求

税务机关在对重组业务涉税事项进行审核时，会关注重组资产取得时的原始凭证是否齐全、合法。

【案例】

某税务机关在办理企业分立业务不动产转移的免税手续时，审查了该企业以前年度购置不动产的发票。因为不动产当年未能按规定取得发票，所以税务机关认为该不动产对应的折旧不应当在企业所得税前扣除。被分立企业补缴了企业所得税后，才取得了该不动产免税审批的手续。

在这个案例中，补缴企业所得税并非办理免税手续的前置审批事项。但税务机关借免税手续审批的机会，对企业实施稽查管理也是在实务中常见的现象。

3. 重组资产是否涉及税收历史遗留问题

有些主管税务机关在企业重组过程中，还会核查重组资产持有期间的税金是否存在少缴纳或者未缴纳的情况。一旦发现问题，就会要求资产转让方补齐欠缴税款后才能进行后续手续办理。

【案例】

联昌公司正在进行分立业务的办理，将联昌公司名下的一栋办公楼及土地使用权分立至新公司联尚公司，在办理不动产过户手续中，不动产登记中心要求其办理免税手续后才能办理不动产产权证书的变更过户。

联昌公司的财务人员去税务部门办理免税手续时，按税务机关的要求提供了相关资料，账面显示房产原值 8000 万元，其中价值 3000 万元的房产用于对外出租并收取租金，但是联昌公司并未缴纳对应的房产税，经计算，每年应缴纳从租计征房产税约 25 万元，共少缴纳房产税 100 万元。

在补缴了税款和滞纳金后，主管税务机关为联昌开具了不动产过户的免税手续。而这笔税款在之前并未有相关的安排，一度影响了公司的资金计划。

案例中，税务机关对联昌公司房产税进行审核时，发现其存在少缴纳税金的情况，其只有补缴相应的税款，才能进行后续手续办理，这在很大程度上影响了重组进度。因此，重组项目组在尽职调查过程中，应着重关注重组资产涉税审核工作。

6.3.3　与重组相关的税收政策执行情况调查

由于企业重组并非经常性业务，一些地区的税务人员很难接触到企业重组业务，而且税务人员对重组政策的理解也不完全相同，存在执行差异。这就要求重组项目组在尽职调查过程中需与当地税务机关进行有效的沟通，对重组方案可行性进行评估，并且在尽职调查报告中进行列示等。

其中，很重要的是税务机关对重组政策执行情况的差异，主要体现在以下几个方面。

1. 重组征免税手续审批流程不同

不同的税务机关对重组涉税手续审批流程及审批部门规定不同，有些地区的税务机关由办税大厅直接负责重组征免税手续办理，在对企业提交的重组相关资料的合规性以及历年重组资产涉税情况等进行审核后，即可办理。

还有的税务机关要求企业提交资料后必须先交给办税大厅，由税务大厅初步审核资料后，传递给税政部门进行其他事项的审核，审核无误后，再交由税务大厅进行具体手续办理。这种情况下，耗费的时间较长，重组项目组在制定重组执行计划表时，对于征免税手续的办理应预留更多的时间。

2. 对增值税进项税额抵扣政策理解不同

如国家税务总局公告 2012 年第 55 号第一条规定：增值税一般纳税人（以下称"原纳税人"）在资产重组过程中，将全部资产、负债和劳动力一并转让给其他增值税一般纳税人（以下称"新纳税人"），并按程序办理注销税务登记的，其在办理注销登记前尚未抵扣的进项税额可结转至新纳税人处继续抵扣。

对于这一政策，不同的税务机关执行口径也不同，有些税务机关同意新纳税人进行结转抵扣，但有的税务机关则不予办理。

3. 对免征土地增值税政策理解不同

如财政部 税务总局公告 2021 年第 21 号第四条规定：单位、个人在改制重组时以房地产作价入股进行投资，对其将房地产转移、变更到被投资的企业，暂不征土地增值税。

有些税务机关认为只要单位或个人将房地产作价入股进行投资，就符合不征土地增值税的政策。而有些税务机关则认为只有在改制重组方式中的作价入股投资才符合政策规定，不征土地增值税。

第

7

章

企业重组方案的编制

重组方案的编制是整个重组过程的核心环节，重组方案编制的成败关系到企业面临的问题能否通过重组来彻底解决。

对企业所做的尽职调查是重组方案设计的基础。方案审批后的执行，即将方案中设计的流程、人员分工、时间节点落地。有的方案落地需要多年才能完成，一旦方案对未来国家政策的调整、企业人员的调整考虑不够周全，就会导致方案无效。

7.1　重组方案的编制要点

由于重组方案是未来执行过程中的行动指导，因此重组方案设计得是否全面详尽，会直接影响到重组的成败。重组方案的编制需要遵循一定的流程和方法，这样编制出来的重组方案才能真正解决问题。

重组方案要能够解决企业面临的问题，就需要全面评估各种问题。所以重组方案中的内容应该全面详尽，明确重组的目的、列示企业现有的问题、描述具体的操作方案、对比方案以及说明方案实施后对企业的影响等。

7.1.1　明确企业重组的目的

根据尽职调查的结果，重组项目组只有对企业拟实现的商业意图进行分析，确保采用的重组方式可以真正解决企业的问题，并确定重组目的，才能围绕这一目的开展重组方案的制定和实施工作。

因此，重组目的应在重组方案中准确描述，这是企业重组方案制定的第一步，也是管理层审核的重要内容。企业重组能够解决的问题，可以参考表 7-1。

表 7-1　企业重组能解决的问题

序号	商业意图	重组目的
1	开拓市场，扩大规模	实现战略转型，增加市场份额

序号	商业意图	重组目的
1	开拓市场，扩大规模	重建股权架构，便于传承提股价
		实现板块分割，促进专业化发展
		谋求规模效应，增强市场竞争力
2	盘活资产，融通资金	拓宽融资条件，打破银行贷款限制
		减轻债务负担，缓解经营资金压力
		剥离优质资产，实现经营效益提高
		盘活闲置资产，减轻投资资金压力
		重整衰退企业，吸纳资金增强活力
3	合规经营，降低成本	整合商业模式，实现整体成本下降
		改变法律主体，享受地方税收优惠
		改变产权主体，享受税收减免政策
		解决历史乱象，享受合法税前抵扣

大多数企业重组解决的是一揽子问题，比如利用重组业务重建股权架构，这不但解决了大股东的股权传承问题，而且将某项产业独立出来有利于未来上市发展，可参考 2.1.2 中的凌云集团公司利用多种重组手段重建股权架构，实现传承目的。

在撰写重组方案时，需要将企业的问题进行清晰、准确的描述。

【案例】

海田水产主营水产养殖、水产初加工及销售，冷藏冷冻产品的销售等，公司在国际市场上具备一定的影响力。近年来，国外市场对干制、罐制海产品的需求越来越高，而对于冷冻海产品的需求有所下降。公司依据自身的资源，短时间内很难开展新的业务，并且也不具备生产罐制海产品的技术。

董事长李祥召集公司高管探讨，最终确定利用兼并重组的方式吸引一家同行企业远遥海产来解决这个问题。项目组撰写重组方案报告时，关于重组目的的描述如下：

（1）扩大经营规模，增强同行业或同类产品的市场竞争力；

（2）迅速整合资源，延伸产业链；

（3）依托远遥海产的有利资源，提升公司的市场竞争地位。

7.1.2　重组方案中需要列明的基本情况

明确企业重组的目的后，需要对尽职调查的内容进行梳理。尽职调查的信息量比较大，但并不是所有的信息都会影响到重组的执行。项目组需要围绕重组目的，根据企业存在的实质性问题，整理出对重组执行有影响的事项和基本信息。

为了让管理层在审核方案时，更方便地了解企业现状，项目组在撰写报告时，在对这些对重组执行有影响的事项和基本信息进行描述时，可以主要围绕以下几个方面展开。

1. 重组各方的企业基本情况

企业基本情况包括企业工商注册信息、分子公司的情况、基本财务状况、基本人员情况、资质情况等。描述的基本信息应与本次重组方案相关。

2. 重组各方重大资产的基本情况

资产的基本情况包括企业的重大资产的名称、数量、原值、净值、抵押情况等，以及与本次重组业务相关的资产的使用状态、功能情况。闲置、低效的资产也可以列示出来。

3. 重组各方的发展情况

企业发展情况包括企业所处生命周期、企业发展优势、企业发展战略、企业发展遇到的问题以及制约企业发展的关键因素等。

4. 现有股权架构状态及存在的问题

大部分的企业重组都会涉及股权，即使重组方案中不涉及股权，重组业务也都属于企业重大决策事项，都会涉及股东会表决。所以在撰写重组方案时，介绍清楚股权架构是非常有必要的。

股权架构的内容包括股东构成、出资情况、现有股权架构、存在的问题分析等。

5. 涉税情况

涉税情况包括企业的纳税人身份、主要涉及税种、正在享受的税收优惠政策、是否有欠缴税款的情况、以往税负情况等。

7.1.3 重组方案草案的编写要点

最终落地的重组方案的编写并不是一气呵成的，在重组方案的设计阶段，首先要选出可以实现重组目的的重组方案。在管理层确认重组方案草案的可实施性后，再进行方案的细化。在方案执行过程中，如果出现一些影响方案推进的因素，还会对方案进行变更。

重组方案草案，是项目组根据拟要解决的问题首次设计的解决方案。企业遇到的问题往往是多方面的，很难有单一方案可以实现以下目的：既操作简单又节约成本；既减轻税负又快速完成所有操作流程；既解决所有问题又不损失任何利益。所以在设计方案时，往往会出现多方案和多操作路径。

项目组设计多方案，不但有利于重组项目组更全面地考虑问题，也利于管理层在审核决策时有更多选择。重组方案草案如图 7-1 所示。

重组方案草案

一、基本情况及拟解决的问题

××公司的基本情况为：法定代表人是×××，注册资本×××万元，营业范围是×××。本次重组需要解决的问题是×××，需要对此确定解决方案。

二、拟解决问题的基本状况

……

三、可操作的方案一

……

四、可操作的方案二

……

五、方案优缺点对比

……

图 7-1　重组方案草案

进行筛选时主要围绕执行难度、执行时间、执行成本、执行效果、对问题解决的程度等进行多方案对比。

1. 执行难易程度和执行时间

重组方案执行的难易程度和执行时间往往是管理层比较关注的因素，如果管理层宁可增加成本也要快速解决问题，那就不会采用持续时间较长、手续复杂的重组方案。

【案例】

某公司拟盘活一栋闲置房产，并需要立即开展新的业务。

项目组制定了两个可操作的方案：一个是采用分立的方式，将闲置资产分割到新成立的公司；另一个是将闲置的资产对外投资，设立新公司。重组方案对比见表 7-2。

表 7-2　两个重组方案执行难度和时间对比

序号	对比指标	分立	对外投资
1	执行难度	手续较复杂	手续较简单
2	执行时间	计划时间 60 个工作日。主要占用时间的操作程序为发布减资公告，这个过程历时 45 天	计划时间 30 个工作日

2. 执行成本

有些管理层对于重组执行成本的关注程度要高于其他方面，希望以最低成本实现企业的目标，因此项目组在对多种方案进行对比时应尽可能详细地描述各种重组方案的执行成本。执行成本包括各类手续费、咨询费、评估费、审计费、税费等。

【案例】

接前例，分立以及对外投资两种重组方案的执行成本对比见表 7-3。

表 7-3　两个重组方案执行成本对比

对比指标	分立	对外投资
执行成本	支付各类手续费、咨询费 10 万元，税款 0.2 万元	支付各类手续费、咨询费 6 万元，税款 230 万元

3. 执行效果

重组方案未来可以达到的执行效果是所有管理层最为关心的问题。但由于操作的路径不同，不同的方案最后达成的效果很可能并不一致。在方案对比时，需要详细描述执行效果的差异。

【案例】

接前例，分立以及对外投资两种重组方案的执行效果对比见表 7-4。

表 7-4　两个重组方案执行效果对比

对比指标	分立	对外投资
执行效果	新公司的资产账面价值仍为原资产账面价值	新公司的资产账面价值为公允价值

4. 对问题解决的程度进行描述

重组实施后对问题解决的程度是方案执行成功与否的判定标准，在进行方案对比时，综合考虑各方面制约因素后判定每种方案是否能够完全解决问题。

7.1.4　重组细化方案的编写要点

重组能否顺利进行，关键在于项目组是否能够制定出详细全面的重组方案。在管理层确定重组方案草案后，重组项目组就需要根据选定的重组方案草案制定出详细的重组方案，一份完整的重组方案至少应当包含以下几个方面。

1. 重组前后股权的状态图

在企业合并、分立、股权收购等与股权相关的重组业务中，均需要描述重组前后股权的状态图，以方便决策者与执行人清晰地看到原状态以及变更后的目标状态的差异情况。

2. 重组过程中股权的状态图

在企业合并、分立、股权收购等与股权相关的重组业务中，如果股权发生变化，那么应附有过程图来清晰地描述每一步操作对股权变化的影响。

3. 重组方案财税数据详细计算结果

重组方案实施后，若涉及重组各方以及股东各方的财税数据的变化，那么对各方的财务影响、税收影响都应当详细计算并展示在细化方案中。

重组可能会涉及多项税种，例如增值税、企业所得税、个人所得税、土地增值税、契税、印花税等，不同重组方式适用的税收优惠政策不同，重组方案对于免税、征税情况以及征税金额等都需要详细列示。

另外，有些特殊行业企业不适用某些税收优惠政策，也需要在方案中说明，比如在企业分立、企业合并以及改制重组方式中，对于房地产的转移不征土地增值税，但是如果重组任一方是房地产企业，就无法享受该项税收优惠政策。

4. 详细的重组流程

对重组执行的全过程进行详细的描述，包括每一步的具体工作、需内外部配合完成的手续及需要的时间等，都需要在方案中进行列示，并以此作为重组项目组后续的工作指导。

5. 人员分工和执行时间计划

在重组方案中，每一步的执行团队、人员分工以及执行的时间节点都应在执行计划表中详细分配好。

7.1.5　重组变更方案的编写要点

重组变更方案是指在重组方案执行过程中，突发事件、政策变更等导致执行中断后，项目组需要根据变化的情况重新修改方案而形成新方案的过程。

如果变更事项发生在执行前期，且变更的内容较多，则需要形成新方案。如果变更事项发生在中后期，且前期已经完成了部分工作，那么就需要评估前期已经完成的部分的影响，并制作变更方案。

在变更方案中应该至少包括 4 项主要内容。

1. 变更原因的分析

对变更方案的原因进行详细描述，并对该原因导致的后果进行分析。比如不可抗力导致标的物的损失，对价支付的股权比例将重新进行调整；再如执行资产解除抵押的过程受到干扰，导致解押完成时已经超过免税期。

2. 变更方案及流程

方案变更的具体内容及变更方案后的执行流程均需要重新规划，并对可能造成的影响加以说明。

3. 变更方案财税数据详细计算结果

重组方案变更后，如果涉及重组各方以及股东各方的财税数据的变化，那么对各方的财务影响、税收影响都应当详细计算并展示在变更方案中。

4. 变更方案的人员分工和执行时间计划

新增内容的负责团队、人员分工以及执行的时间节点，也应在执行计划表中相应位置进行修改。

7.2 重组方案中的关键时点确认

企业实施重组的过程中，会按方案规定的流程一步步进行。完成上一步所得到的资料，就可能是下一环节推进的证明材料。比如，分立重组中，被分立企业只有开完股东会取得股东会决议，才能到工商行政管理部门办理被分立企业的减资手续。所以重组涉及的很多关键时点必须要掌控好，提前或者拖后都会影响整个重组的进度。

如果各类资料的时间顺序前后颠倒，还会造成重组的真实性被否定。

【案例】

2023 年，某商业资产运营公司将一厂区，分立至新成立的某机械加工公司。该重组属于正常的分立新设业务，被分立减资在前，而新设公司在后。

但由于工作人员疏忽，新设的机械加工公司股东会决议时间为 2023 年 7 月 21日，但商业资产运营公司减资的股东会决议时间为 2023 年 7 月 22 日，在办理不动产过户的免税申请手续时，被税务局认定为虚假分立，不予以办理免税手续。

7.2.1　企业合并的关键时点

合并过程中的关键时点包括：股东会决策日、合并公告日、合并基准日、公告期满日、注销日、变更日、重组日等，具体说明如表 7-5 所示。

表 7-5　合并关键时点说明

序号	关键时点	说明	时间限制
1	股东会决策日	被合并公司股东会以及合并公司股东会作出决议或决定的日期	自股东会作出合并决议或决定开始，10 天之内需要通知债权人
2	合并公告日	需要在省级及以上级别的报纸发布合并公告	自被合并公司和合并公司股东会作出合并决议或决定开始 30 天内
3	合并基准日	由被合并公司和合并公司股东经协商后在合并协议中进行明确，有关合并的资产、负债的确定和计价都依照该日的公允价格进行，同时，该日也是合并交易的审计基准日和评估基准日	合并基准日应晚于股东会决策日，早于变更日。为方便审计，一些企业会采用决策日与减资日之间的某一月末作为合并基准日
4	公告期满日	公告期满后才能办理被合并公司注销手续以及合并公司变更手续	发布公告之日起满 45 天
5	注销日	被合并公司工商注销登记的日期	公告期满后选择一天
6	变更日	合并公司工商变更登记的日期	该日不能早于注销日，也可以和注销日相同
7	重组日	当事各方已进行会计处理并且完成工商注销登记、新设登记或变更登记的日期为重组日	无具体时间限制

【案例】

海云公司于 2020 年 10 月 1 日召开股东会，决定吸收合并海盛公司，2020 年 10 月 2 日发布吸收合并公告，2020 年 10 月 10 日双方签署了合并协议，约定合并基准日为 2020 年 10 月 31 日，双方公司于 2020 年 11 月 16 日去工商行政管理部门办理了海盛公司注销登记及海云公司的变更登记手续，2020 年 11 月 18 日双方以 2020 年 10 月 31 日的账面数据为依据进行了账务处理。

（1）2020 年 10 月 1 日为股东会决策日。

（2）2020 年 10 月 2 日为合并公告日。

（3）2020 年 10 月 31 日为合并基准日。

（4）2020 年 11 月 15 日为公告期满日。

（5）2020 年 11 月 16 日为注销日及变更日。

（6）2020 年 11 月 18 日为重组日。

7.2.2　企业分立的关键时点

分立过程中的关键时间点包括股东会决策日、分立公告日、分立基准日、公告期满日、减资日、新设日、重组日等，具体说明如表 7-6 所示。

表 7-6　分立关键时点说明

序号	关键时点	说明	时间限制
1	股东会决策日	被分立公司股东会作出分立决议或决定的日期	自股东会作出分立决议或决定开始，10 天之内需要通知债权人
2	分立公告日	在省级及以上级别的报纸进行分立减资公告的日期	自被分立公司股东会作出分立决议或决定开始 30 天内
3	分立基准日	由被分立公司股东经协商后在分立协议中进行明确，有关分立的资产、负债的确定和计价都依照该日的公允价格进行	分立基准日应晚于股东会决策日，早于减资日。为方便审计，一些企业会采用决策日与减资日之间的某一月末作为分立基准日
4	公告期满日	公告期满之后才可以办理减资及新设手续	发布公告之日起满 45 天
5	减资日	被分立公司工商变更登记的日期	公告期满后选择一天
6	新设日	分立公司新设登记的日期	早于减资日，也可以和减资日相同
7	重组日	分立合同（协议）生效、当事各方已进行会计处理且完成工商新设登记或变更登记的日期	无期限限制，无具体时间限制

【案例】

华瀚旅游公司通过分立的方式，把价值 4000 万元的酒店和温泉连同与之相关的债权、债务、人员等分立至新设的凤运公司，分立流程中各关键时点的确定如下。

（1）股东会决策日。

公司于 2021 年 3 月 20 日召开股东会，决定采用分立方案，并于 2021 年 3 月

25 日通知了债权人，股东会决策日为 2021 年 3 月 20 日。

（2）分立公告日。

2021 年 3 月 28 日，相关人员联系了省级报社，并于当日发布了分立减资公告，该日为分立公告日。

（3）分立基准日。

股东签署了分立协议，协议中约定以 2021 年 3 月 31 日为分立基准日，所有的分立数据均以这一天的相关公允价格为准。

（4）公告期满日。

发布分立减资公告 45 天后，即 2021 年 5 月 12 日为公告期满日。

（5）减资日和新设日。

2021 年 5 月 15 日，项目组人员携带资料到工商行政管理部门办理华瀚旅游公司分立减资手续以及风运公司设立登记手续，该日为减资日和新设日。

（6）重组日。

2021 年 5 月 31 日，华瀚旅游公司和风运公司按照分立协议约定的数据，分别进行了相应的账务处理，该日为重组日。

7.2.3　股权收购的关键时点

股权收购过程中的关键时点包括股东会决策日、股权收购基准日、变更日、重组日等，具体说明如表 7-7 所示。

表 7-7　股权收购关键时点说明

序号	关键时点	说明	时间限制
1	股东会决策日	收购方企业及被收购企业股东会作出收购决议或决定的日期	无具体时间限制，但此时间将决定其他业务的时间，其他节点的发生时间不能早于这个时间。
2	股权收购基准日	由收购双方股东经协商后在收购协议中进行明确，收购方委托第三方对目标企业资产、负债等进行审计、评估的截止日	收购基准日应晚于股东会决策日，早于变更日
3	重组日	收购合同（协议）生效且完成股权变更手续的日期	收购基准日后的任一天

【案例】

正扬公司决定投资医药行业，2020年5月10日召开了股东会，会议最终确定了股权收购方案，收购康利医药持有的云海医药公司60%的股权，成为云海医药的大股东。该日为股东会决策日。

在对云海医药进行了尽职调查后，正扬公司和康利医药签订了股权收购协议，并在协议中约定，以2020年5月31日作为股权收购基准日，由正扬公司委托审计和评估机构对云海医药公司的资产、负债等进行审计和评估。该日为股权收购基准日。

2020年6月6日，正扬公司支付康利医药公司部分股权收购价款，并按照协议约定，办理了云海医药公司的工商股权变更登记手续，该日为重组日。

7.2.4　资产收购的关键时点

资产收购主要涉及资产的变更，基本不涉及公司股权及其他备案信息的变更，也就不需要办理工商变更手续，其操作过程中的关键时点包括股东会决策日、资产收购基准日、重组日等，具体说明如表7-8所示。

表7-8　资产收购关键时点说明

序号	关键时点	说明	时间限制
1	股东会决策日	收购方和被收购方股东会作出资产收购决议或决定的日期	无具体时间限制，但此时间将决定其他业务的时间，其他业务的发生时间都不能早于这个时间
2	资产收购基准日	由股东经协商后在划转协议中进行明确，收购资产价值都依照该日的公允价格确定，同时，该日也是收购资产的评估基准日	资产收购基准日应晚于股东会决策日
3	重组日	资产转让合同（协议）生效且交易双方已进行会计处理的日期	重组日应晚于资产收购基准日

【案例】

恒泰公司主营计算机的生产与销售，卓远公司主营高端计算机研发、生产与销售，为了扩大生产规模，提升市场竞争力，2021年5月26日，卓远公司召开股东会，最终形成资产收购的决议，收购恒泰公司与计算机的生产和销售相关的资产，主要包括一个生产车间和 5 台生产设备。该日为股东会决策日。

卓远公司委托评估师事务所对要收购的生产车间和生产设备进行评估，双方选定 2021 年 5 月 31 日作为评估基准日，双方于 2021 年 6 月 9 日签署了资产收购协议，并约定当天生效，协议中约定了收购资产的评估价值，该日为资产收购基准日。

2021 年 6 月 16 日，双方办理了收购资产的变更过户手续，并均进行了相应的账务处理。该日为重组日。

7.2.5　债务重组的关键时点

债务重组过程涉及的关键时点包括股东会决策日、债务重组基准日、变更日、重组日等，具体说明如表 7-9 所示。

表 7-9　债务重组关键时点说明

序号	关键时点	说明	时间限制
1	股东会决策日	债务公司和债权公司股东会作出债务重组决议或决定的日期	自股东会作出债务重组决议或决定开始
2	债务重组基准日	由债务重组双方公司股东经协商后在债务重组协议中进行明确，有关抵债资产的确定和计价都依照该日的相关价格确定，同时，该日也是债务重组交易的审计基准日和评估基准日	债务重组基准日应晚于股东会决策日，早于变更日
3	变更日	涉及债权转股权的债务重组，债务公司股东及股权发生了变化，变更日即为债务人办理工商变更登记的日期	变更日晚于债务重组基准日
4	重组日	以债务重组合同（协议）或法院裁定书生效日为重组日	无具体时间限制

【案例】

海元集团持有恒峰公司的债权，短期内恒峰公司难以偿还债务，经双方协商海元集团以增资的方式，将债权转为对恒峰公司股权。

海元集团于 2021 年 3 月 28 日召开股东会，决定采用债权转股权方式，对恒峰公司进行增资，成为恒峰公司新股东。双方于 2021 年 4 月 1 日签署债务重组协议，决定以 2021 年 3 月 31 日的财务报表数据作为债权转股权的依据。2021 年 4 月 20 日，恒峰公司办理注册资本及股东工商变更登记手续。

（1）2021 年 3 月 28 日即为海元集团的股东会决策日。

（2）2021 年 3 月 31 日为债务重组基准日。

（3）2021 年 4 月 1 日为重组日。

（4）2021 年 4 月 20 日为变更日。

7.2.6 其他重组形式的关键时点

其他重组形式的关键时点主要包括股东会决策日、重组基准日、变更日、出资日、资产划转日等。表 7-10 列示了非货币性资产投资、资产（股权）划转的关键时点，其他重组形式可以参考执行。

表 7-10 其他重组形式的关键时点说明

序号	关键时点	说明	时间限制
1	股东会决策日	股东会作出重组决定的日期	无具体时间限制，但此会议的时间将决定其他业务的时间。其他业务的发生时间都不能早于这个时间
2	非货币性资产投资基准日	由股东经协商后在投资协议中进行明确，用于投资的资产价值都依照该日的公允价格确定，同时，该日也是非货币性资产投资的评估基准日	非货币性资产投资基准日应晚于股东会决策日
3	资产（股权）划转基准日	由股东经协商后在划转协议中进行明确，用于划转的资产（股权）价值都依照该日的公允价格确定，同时，该日也是划转资产（股权）的评估基准日	资产（股权）划转基准日应晚于股东会决策日
4	变更日	重组公司或被重组公司办理工商变更登记的日期	无具体时间限制
5	出资日	非货币性资产完成产权转移手续的日期	无具体时间限制

【案例】

新时代旅游公司和锦誉旅游公司是同一控制下的两个公司，新时代旅游公司于 2021 年 2 月 8 日召开股东会，决定将其持有的春雨酒店的 100% 的股权划转给锦誉旅游公司。该日为股东会决策日。

　　2021 年 2 月 12 日，新时代旅游公司项目组人员委托评估机构对春雨酒店进行整体评估，选定 2021 年 1 月 31 日作为评估基准日，并以此日评估值作为划转股权的价值。该日为股权划转基准日。

　　2021 年 3 月 15 日，项目组成员携带相关资料到工商行政管理部门办理了春雨酒店股权的变更手续。该日为变更日。

第 **8** 章

重组决议的审批

制定好的重组方案及法律文书需要经过权力机构的审批，如果审批未能通过，不但需要对重组方案进行调整，而且可能会造成错过重组的最佳时机。因此，重组方案及法律文书的审批是整个重组过程中非常重要的一个环节，如果想要高效地通过方案，需要做好前期准备工作，以便于整个重组业务的顺利开展。

8.1　企业重组的审批程序

在实际工作中，重组方案并不是由重组项目组完全制定出来，再交由决策者审批。在方案制定的过程中，重组方案的主要决策者与企业管理者就已经参与进来，然后再经过反复讨论、研究推敲。

经过不断论证后的重组方案以及法律文书，要经过权力机构的签字确认后，才可以进入全面实施阶段。那么权力机构有哪些，在审批会议中又需要注意哪些问题呢？这就是本节要重点介绍的内容。

8.1.1　权力机构有哪些

公司重组方案需要公司的权力机构审批后，才能进入实施阶段。而公司的权力机构因公司性质不同，在法律上被赋予了不同的权力，一些公司还会在章程中特别约定权力机构的权力范围。

表 8-1 对公司制企业各权力机构与重组相关的职权及表决权做了简单的介绍，以方便读者了解各权力机构的权力差异。各权力机构的职权以公司章程的规定为准，章程规定不清的应按法律规定执行。

表 8-1　公司权力机构与重组相关的职权与表决权

序号	机构	职权	表决权
1	股东会	有限责任公司的最高权力机构，由公司全体股东组成，有权决定公司一切重大事务。除公司法中列举的股东会权力外，还包含在公司章程中约定的股东会的其他职权	涉及对公司合并、分立、解散、增加或减少注册资本、清算或者变更公司形式作出决议等需要代表三分之二以上表决权的股东通过

续表

序号	机构	职权	表决权
2	股东大会	是股份有限公司的最高权力机构，它由全体股东组成，对公司重大事项进行决策，有权选任和解聘董事，并对公司的经营管理有广泛的决定权	上市公司在一年内购买、出售重大资产超过公司资产总额百分之三十的，需经出席会议的股东所持表决权的三分之二以上通过；其他表决可依据章程的规定
3	董事会	董事会由股东（大）会选举的董事组成，对掌管公司重大事务，负责重大的经营决策	董事会需要根据公司章程的规定表决通过决议
4	执行董事	股东人数较少或者规模较小的有限责任公司，可以设一名执行董事，不设董事会，其权力与董事会相同	直接表决即可
5	经理	董事会的执行机构，负责组织公司的日常经营管理活动，由董事会决定聘任或者解聘，对董事会负责，列席董事会会议	直接表决即可
6	监事会/监事	对董事等高级管理人员执行公司职务的行为进行监督，对公司的财务状况和业务执行情况实施监督检查。股东人数较少或者规模较小的有限责任公司，可以设一名至二名监事，不设监事会	无须表决
7	职工代表大会	公司的民主管理机构，选举董事会、监事会中的职工代表，公司改制以及解决经营方面的重大问题、制定重要的规章制度时，应当通过职工代表大会或者其他形式听取职工的意见和建议	需要达到半数以上出席会议的职工代表人员同意通过
	工会委员会（简称"工会"）	是职工自愿组成的工人阶级群众组织，代表职工的利益，依法维护职工的合法权益。公司工会代表职工就职工的劳动报酬、工作时间、福利、保险和劳动安全卫生等事项依法与公司签订集体合同	公司解决经营方面的重大问题、制定重要的规章制度时，应当听取公司工会的意见

以有限公司为例，在重组中的权力表决主要有以下几种情况。

（1）涉及合并、分立、增资、减资、清算、注销等重大决策时，均由公司的股东会超过三分之二的表决方能通过。

（2）向公司之外的股东进行股权转让时，公司原有股东有优先购买权，章程对股东转让另有规定的除外。

（3）对于重大资产的处置、债务重组则需要根据章程的规定确定审批权限，如果章程没有规定，则重大资产处置可由股东会审批，一般资产处置由董事会或总经理审批。

8.1.2　股东（大）会召开前的准备工作

重组方案确定后，重组项目组按规定召开股东（大）会，股东们需要在会议上进行表决并签署相关文件。根据重组流程的不同，各种文件会通过一次或多次股东（大）会进行表决签署。

有的公司股东人数众多，召集会议往往会消耗大量的精力和时间，因此，重组项目组应在会议前准备好需要股东（大）会表决的全套资料。如果资料不全导致多次召开股东（大）会，补充表决、补签文件，不但会增加会议成本，而且会影响工作进度。

在召开股东（大）会前，可对能够影响表决事项通过的股东以个别论证或召开小型会议的方式先行讨论，征求这部分股东的意见与理解，这将促进股东（大）会的所有议题能够顺利表决通过。

为确保股东（大）会顺利高效地召开，会议召集人及相关负责人还应做好其他会前准备工作，如确定会议召集人和主持人、发出会议通知、确定参会人员名单、制定会议流程分工、准备会议资料、制定会议预案等，详见表 8-2。

表 8-2　股东（大）会召开前的准备工作

序号	准备工作内容	具体规定
1	确定会议召集人和主持人	有限责任公司： （1）设立董事会的，由董事会召集，董事长主持；董事长不能履行职务或者不履行职务的，由副董事长主持；副董事长不能履行职务或者不履行职务的，由半数以上董事共同推举一名董事主持；不设董事会的，由执行董事召集和主持。 （2）董事会不能履行职务或者不履行职务的，由监事会或者不设监事会的公司的监事召集和主持；监事会或者不设监事会的公司的监事不召集和主持的，由代表十分之一以上表决权的股东自行召集和主持 股份有限公司： 股东大会会议由董事会召集，董事长主持；董事长不能履行职务或者不履行职务的，由副董事长主持；或者半数以上董事共同推举一名董事主持；或者由监事会召集和主持；或者连续九十日以上单独或者合计持有公司百分之十以上股份的股东可以自行召集和主持

序号	准备工作内容		具体规定
2	发出会议通知	通知人	重组项目组指定专人负责
		通知的对象	公司全体股东
		通知的方式	应尽量采用书面、电子邮件等文字形式通知。股东人数较少且均为在职股东的，也可以使用口头通知
		通知的时间	有限责任公司的股东会应在会议召开十五日前，但是公司章程另有规定或者全体股东另有约定的除外。股份有限公司的股东大会应在会议召开二十日前
		通知的内容	召开的时间、地点和审议的事项
3	确定参会人员名单	出席人员	有限责任公司的规定如下： 股东本人出席会议 股份有限公司的规定如下： 股东本人或者委托代理人出席股东大会
		列席人员	有限责任公司的规定如下： 不要求列席人员 股份有限公司的规定如下： 股东大会要求董事、监事、高级管理人员列席会议的，应当列席
4	制定会议流程分工		会议召集人应根据会议应讨论或表决的事项，制定会议议程，并提前做好会务组的人员分工
5	准备会议资料		召集人应根据本次会议议程，编制会议资料，会议资料包括但不限于：会议须知、会议议程、发言材料以及股东（大）会决议等，并在会议结束后将全部会议资料装订成册
6	制定会议预案		召集人在会议召开之前，应根据本次会议讨论或表决的事项、参会人员数量、可能出现的突发情况等制定会议预案

8.1.3 会务组的人员分工及培训

大多数企业重组方案需要股东作出表决，所以召开符合章程规定程序的股东会是确保重组顺利进行的重要条件之一。对于股东人数较多、需要签署文件资料较多、表决内容复杂的股东会（也指股东大会，后同），如果没有提前做好准备工作，容易导致资料未能签全、会议未能通过决议、会议中止的情况发生。

重组项目组在组建会务组时，要确定好人员的分工，并且做好会前的培训工作。

1. 做好人员分工

会务组的人员分工见表8-3。

表8-3　会务组人员分工

序号	岗位	岗位职责及工作要点
1	正副组长	根据人员确定是否配备副组长，全面负责会务的安排以及人员的调度，处理各类应急事件
2	迎宾组	根据股东人数确定迎宾人数，迎宾组的工作内容如下： （1）会场布置，包括会议所需要的道具，如会场外签到处、参会股东桌牌等； （2）股东身份确认及现场签到、引导股东在指定的位置就座； （3）会议中指导股东如何签署文件、协助股东查找需要签署的文件，确定签署内容及签署位置的准确性，回收文件
3	设备组	根据会场情况确定具体人数，设备组负责会场各种音响设备、投影设备、计算机设备正常使用，拍照录像等
4	后勤组	安排股东的住宿、餐饮、接送、会议时间通知等事务，准备会议茶歇物资等

2. 做好事前培训

会议资料的准备是股东（大）会召开前最重要的环节之一。会务组前期很重要的一项工作就是整理会议中需要签署的各类文件，具体如下。

（1）确保所有需要签署的文件没有遗漏。律师与法务人员要反复核对资料的完整性。

（2）重组过程中的文件非常多，且需要不同的人员签字。所以应将每位股东需要签署的文件分装到每个人的文件袋中，且资料的摆放顺序应与会议议程顺序吻合，在文件袋上标识每位股东的名字。

（3）对参与会议的工作人员进行会前培训，对会议的流程、会议话术、需要签署的资料、需要签署资料的签字位置等内容提前讲清并进行实操演练。

8.1.4　股东会召开中的关键场景

会务组负责整个会议流程安排，不仅要在会议前做好准备工作，在股东（大）会召开的过程中，有一些会议场景也需要会务组特别关注。

（1）股东入场。

会议召集人应提前将全体股东及其他参会人员名单编制到签到表中，并在签到表中写明股东本人姓名或者代理人姓名。

签到时，根据股东人数确定签到迎宾人员的数量，但不应少于两人。签到过程中，迎宾人员不得安排未经提前登记的代理人进场。核实股东或代理人身份后，应将股东引至座位处。

（2）会议召开过程中的股东须知。

主持人应在正式会议前，宣读股东会纪律及会议须知，并对到会股东人数进行宣读。如果会议人数不符合法定人数，则会议将中止进行，择期再办。对于一些保密要求较高的股东会会议，可采取场外存放手机，增加不得携带录音录像设备进入会场的规定。

（3）签字环节。

签字环节是容易出错的环节，也是不能出错的环节。一旦文件签错位置、签错文件，少签、漏签都会影响重组进行，甚至需要二次召开股东会。

为确保签字环节不出差错，对于股东人数较多的会议，每一排均应安排一位专员。专员不但要负责提醒各股东每一轮需要签署的文件，提醒签署的具体位置，还要在每一份文件签署完毕后，当场复核，并收回资料。

8.2　法律文书的撰写要点

企业重组方案经过决策机构审批后，由重组项目组中的法务人员或律师草拟各类重组法律文书，对重组事宜进行约定并确立重组各方当事人的权利、义务等。企业重组过程中涉及新设、注销、变更等工商登记手续，也需要企业提供相应的法律文书完成变更登记手续。

重组法律文书是使重组方案落地的重要法律依据，能够完整体现重组各方的意思表示，并成为整个重组活动的行为依据。本节将重点介绍重组中的法律主体、撰写文书的注意事项以及不同重组方式中文书的撰写要点等。

8.2.1　重组中的法律主体都有哪些

在了解如何撰写重组法律文书之前，首先要明确重组中的法律主体，也就是重组中的当事人。确定了法律主体后，我们应了解法律主体之间的法律关系从而确定彼此的权利义务。具体法律主体以及法律主体之间的法律关系见表8-4。

表 8-4　重组业务中的法律主体及其法律关系

序号	重组方式	合同主体	其他当事人	法律关系
1	合并	合并企业、被合并企业	被合并企业股东、合并企业股东	1. 合并企业与被合并企业签订协议，约定被合并方的资产与负债由合并方或新设立企业合并继承等事宜 2. 合并企业与被合并企业的股东分别对合并事宜做出股东会决议，完成章程的修改
2	分立	分立企业、被分立企业	被分立企业股东	1. 分立企业与被分立企业签订协议，约定分立的资产与负债情况以及各自的权利义务等事宜 2. 被分立企业的股东应做出同意分立、同意新设企业等决议，并修改章程
3	股权收购	收购方、转让方	被收购企业的其他股东	1. 收购方与转让方签订股权转让协议，约定股权转让的具体事宜 2. 被收购企业是股权收购的目标企业 3. 根据被收购企业章程约定，确定被收购企业的其他股东是否有优先购买权以及其他权力
4	资产收购	收购方、转让方	资产转让方的股东	1. 收购方与转让方签订资产买卖协议，约定资产收购的具体事宜 2. 根据资产转让方章程约定，确定资产转让方的股东是否需要对重大资产转让进行表决
5	债务重组	债务人、债权人	债务人的股东	1. 债务人与债权人签订债务重组协议，约定债务重组的具体事宜 2. 根据债务人章程的约定，确定债务人的股东是否需要对债务重组会进行表决

在实务中，很多重组业务不但会采用股权支付、非货币性资产出资、货币资产出资等多种混合支付方式，而且也会采用多种重组方式来实现企业的商业意图，这就需要重组项目组确定好重组主体，分清各主体之间的责任，通过各种法律文书进行完整呈现。

8.2.2　重组中的配套文书撰写要点

重组过程中需要撰写的法律文书数量是比较多的，因此熟练掌握重组业务法律文书的撰写是非常有必要的，漏签、错签文书或者内容出错都会给重组留下隐患，甚至导致重组失败。

1. 重组的法律文书主要分为四大类

（1）合同类。

企业重组过程中形成的合同类法律文书，包括合并协议、分立协议、股权收购协议、资产收购协议、债务重组协议、三方转让协议、投资协议等。

（2）决议类。

决议类法律文书是指股东会、董事会、总经理等相关权力机构或人员在重组过程中形成的各类决议以及审批文书，包括股东会决议、董事会决议、职工代表大会决议等。

（3）审批备案类。

审批备案类法律文书主要是指前往企业登记机构、资产产权登记机构等各类行政管理机构，办理重组业务、产权权属变更、减免税等手续时，登记机关要求提交的相关材料。

（4）通知通告类。

通知通告类法律文书在重组业务中使用较为广泛。重组是影响企业发展的最为重要的事件之一，无论是对外还是对内，都需要在恰当的时机向社会、利益关系方、企业员工、债权债务人传递重组的相关信息，而通知通告类法律文书，不仅要注意措辞严谨、公布时间恰当与及时，更要把握信息披露的尺度。合并、分立、减资的公告及向债权人发出重组的通告等都属于通知通告类法律文书。

2. 重组的法律文书撰写技巧

（1）合法性。

法律文书的撰写要符合有关法律的规定。根据《中华人民共和国民法典》等相关法律的规定，违反法律、行政法规的强制性规定的民事行为无效。所以，法律文书的内容和形式均需要符合法律的强制性规定。

（2）合理性。

法律文书对当事人权利义务的规定不能违反等价、有偿、合理的原则。如果法律文书中对权利义务的约定显失公平，可能损害债权人利益，容易引起法律纠纷，增加各方当事人的诉累，也可能导致重组的失败。

（3）严谨性。

法律文书的严谨性不仅表现为用词要准确严密，甚至包括标点符号的位置也需要准确，这些都需要撰写人反复多次研读，避免造成歧义引起法律风险。在正式使用法律文书前，应经过内部复核确保法律文书恰当，并由撰写人直接打印，防止被他人篡改。

（4）适用性。

法律文书的适用性体现在应便于相关当事人理解，撰写时应根据具体情况附有使用说明，使用说明可以对法律文书的适用范围、专业术语的含义、选择性条款的适用等问题做出准确的解释说明。

（5）可操作性。

法律文书的可操作性主要体现在条款不能过于僵化，不能过度维护一方利益引发合同其他当事方的不适，不能对后期可能遇到的情况只提供单一路径及不能描述不明确导致无法执行等。

例如在撰写合同争议解决方式时，选择向人民法院起诉的同时提请仲裁，这样就为双方解决争议预留了更多的空间。

8.2.3　企业合并的主要法律文书示例

企业合并方式中，涉及的法律文书众多，主要包括合并协议、合并方同意合并的股东会决议、被合并方同意被合并的股东会决议、合并公告、债权人沟通函、职工代表大会决议等。

有些法律文书在前几章有介绍，本小节仅列示股东会决议以及合并协议的基础模板，以便让读者能更加清晰地了解合并业务法律文书的特点。被合并方股东会决议模板如图 8-1 所示。

×××有限公司（被合并方）
股东会决议（决定）

×× 年 ×× 月 ×× 日，根据《公司法》及本公司章程的规定，××× 有限公司股东做出如下决定。

一、因为 ×× 有限公司与 ××× 有限公司合并，合并方式为吸收合并。合并后，×× 有限公司存续，××× 有限公司注销。

二、合并后，××× 有限公司的人员、债权、债务，由 ×× 有限公司负责安置和承继。

三、同意合并基准日为 ×× 年 ×× 月 ×× 日。

四、同意并通过合并双方于 ×× 年 ×× 月 ×× 日签署的合并协议。

五、自本决定生效之日起依法定程序办理公司合并及注销登记手续。

以上决定符合本公司章程规定，合法有效。

股东签字盖章：

×× 年 ×× 月 ×× 日

图 8-1　被合并方股东会决议模板

合并方股东会决议格式参照被合并方股东会决议，决议内容主要包括同意以吸收合并的方式吸收被合并方，被合并方的人员、债权、债务由合并方负责安置和承继，通过合并协议，同意合并基准日并在报纸刊登合并公告。吸收合并的合并协议模板见图 8-2。

公司合并协议

甲方（合并方）：

乙方（被合并方）：

第一条 合并双方基本情况

甲方的注册资本、股权结构等基本情况。

第二条 合并方式

本次合并拟采取吸收合并的形式，即甲方吸收合并乙方，合并后甲方继续存续，乙方解散并注销。甲方吸收合并乙方后成为合并后公司。

本次合并，乙方的全部资产、负债、证照、许可、业务以及人员均由甲方依法承继，附着于乙方资产上的全部权利和义务亦由甲方依法享有及承担。相关的转移／过户手续将由各方根据本协议的约定办理。

第三条 合并后公司的基本信息

包括公司名称、组织形式、住所地、经营范围、营业期限。

第四条 合并后公司的股权结构与股东出资

吸收合并前甲乙双方注册资本、股东及出资情况；吸收合并后存续的甲方注册资本、股东及出资情况；吸收合并后各股东的权利、义务。

第五条 合并对价及支付

经交易各方协商的本次股权的交易作价金额及支付方式。

第六条 债权债务承继

合并前甲方、乙方的全部债权、债务由合并后公司承继。

第七条 职工安置方案

本次合并完成后，乙方的全体员工将由合并后公司接收。

第八条 费用的负担

合并费用的分担方式。

第九条 违约责任

约定违反本协议应承担的违约责任。

第十条 争议解决

约定发生争议的解决方式。

第十一条 附则

合同的份数、附件等信息。

图 8-2　公司合并协议模板（吸收合并）

新设合并协议与吸收合并协议的主要区别在图 8-2 中的第二条。新设合并的第二条可参考以下内容：

"本次合并拟采取新设合并的形式，即甲方和乙方合并，设立一个新公司，合并后甲方和乙方解散并注销。

"本次合并，甲方和乙方的全部资产、负债、证照、许可、业务以及人员均由合并后公司依法承继，附着于甲方和乙方资产上的全部权利和义务亦由合并后公司依法享有及承担。相关的转移、过户手续将由各方根据本协议的约定办理。"

8.2.4　企业分立中的主要法律文书示例

企业分立涉及的法律文书主要包括分立协议、至少三次的股东会决议、合并公告、债权人沟通函、职工代表大会决议等。

分立方式下的三次股东会的召开时间分别在发布分立减资公告前、减资公告到期后、新公司设立登记前。前两次会议由被分立公司股东召开，最后一次会议由分立公司股东召开。

如果分立公司的股东没有发生变化，与被分立公司的股东一致，公告前股东会决议模板如图 8-3 所示。

公告前股东会决议（决定）

根据《公司法》及本公司章程的规定，公司股东 ××× 于 ×× 年 ×× 月 ×× 日在公司会议室召开全体股东会，会议已于召开 15 日前通知各股东，会议由 ××× 主持，经过股东表决通过形成如下决议。

一、决定 ××× 有限公司以存续分立方式分立为两个公司。存续公司为 ××× 有限公司，分立新设公司为 ××× 有限公司。

二、存续公司注册资本由 ×× 万元减少到 ×× 万元，存续公司股东及出资比例不变。

三、决定以 ×× 年 ×× 月 ×× 日为分立基准日。

四、同意在《××× 报》刊登分立减资公告。

股东签章：

×× 年 ×× 月 ×× 日

图 8-3　公告前股东会决议模板

公告后股东会决议的主要决议内容需包括分立基准日的确立、分立后存续公司注册资本的变更、分立协议和章程修正案的通过，以及债权人的清偿或担保请求。新公司股东会决议中，应对公司治理机构选任情况和公司章程进行决议。

分立各方还需要签订分立协议，以便分清分立各方的权利义务，公司存续分立协议模板见图 8-4。

公司存续分立协议

甲方（存续公司）：

乙方（新设分立公司）：

第一条 合同订立之目的

甲方拟进行存续分立，即在甲方继续存续的前提下，分立出一家新公司。

第二条 分立方式

本次分立采取新设分立方式，在甲方法人主体资格保持不变的前提下，分立出一家新公司（以下简称"分立公司"）。分立后，甲方继续存续，分立公司新设成立。

第三条 分立前后的注册资本与股权结构

存续公司分立前后的注册资本和股权结构和分立公司的注册资本与股权结构情况为……

第四条 业务分割

存续公司分立前的业务在存续公司与分立公司间的分割方式为……

第五条 资产分割

存续公司分立前的资产在存续公司与分立公司间的分割方式为……

第六条 债权债务分割

存续公司分立前的债权债务在存续公司与分立公司间的分割方式为……

第七条 人员变动

存续公司分立后的人员安排为……

第八条 其他事项

分立基准日、分立基准日后乙方税务登记前的发票开具等相关问题为……

第九条 违约责任

约定违反本协议应承担的违约责任为……

第十条 争议解决

约定发生争议的解决方式为……

第十一条 附则

合同的份数、附件等信息。

图 8-4 公司存续分立协议模板

8.2.5 股权收购中的主要法律文书示例

股权收购中的主要法律文书，包括股权转让协议等。涉及股权支付的股权收购，除了被收购股权所属公司的法律文书外，还需要增加被支付股权所属公司的股权转让协议、股东会决议和章程修正案等。其中股权转让协议是十分重要的法律文书，其模板见图 8-5。

股权转让协议

甲方（出让方）：

乙方（受让方）：

鉴于：

1. 甲方同意出让其持有的 ×× 公司 ___ % 的股权，乙方同意受让之。

2. ×× 公司已经依法召开股东会，并按法律及公司章程规定通过对前述股权转让的决议。

3. ×× 公司其他股东在同等条件下自愿放弃优先购买权。

4. 甲和 / 或乙双方已经按照法律规定或公司章程约定取得本公司相应权力机构的批准（当甲 / 乙方为公司时）。

现甲乙双方就股权转让事宜达成如下正式协议，以资共同遵守。

第一条 股权现状

×× 公司的股东构成、持股比例及出资情况为……

第二条 转让标的

甲方转让的 ×× 公司股权情况为……

第三条 转让价款及支付

股权转让价款及支付方式为……

第四条 转让手续办理

股权变更登记的办理安排为……

第五条 费用的负担

股权转让过程中的费用分担方式为……

第六条 违约责任

约定违反本协议应承担的违约责任为……

第七条 争议解决

约定发生争议的解决方式为……

第八条 附则

合同的份数、附件等信息。

图 8-5 股权转让协议模板

8.2.6 资产收购中的主要法律文书示例

资产收购的重组业务中，收购方往往连同与资产相关的债权、债务及人员一起收购，所以收购资产的明细、供应商情况、客户情况、人员情况都需要在资产收购协议和股东会决议附件中进行描述。资产收购协议模板详见图 8-6。

资产收购协议

甲方（转让方）：

乙方（受让方）：

鉴于：

甲方是按照中华人民共和国法律设立并存续的有限责任公司，甲方愿意将本合同约定的资产（下称目标资产）转让给乙方，乙方愿意按照本合同约定的条件受让目标资产，甲乙双方本着公平互惠、诚实信用的原则，就上述资产转让事宜，达成如下一致意见。

第一条 目标资产

甲方转让资产的情况为……

第二条 债权债务处理

与本次转让资产相关的债务一并转让给乙方，清单详见附件。甲方的其他债权债务（包括但不限于职工工资、社会统筹保险金及税费等）不在本合同约定的转让资产内，由甲方自行处理。如因此而发生诉讼与纠纷，由甲方处理，与乙方没有任何关系。

第三条 转让价款及支付方式

资产转让价款及支付方式为……

第四条 资产交付

1. 在合同签订后，甲乙双方依据作为合同附件的目标资产明细单进行资产清点和移交。

2. 甲方承诺在收到款项后 ×× 日内负责为乙方办理目标资产权属变更登记手续。

3. 在自合同签订之日起至目标资产转移之日的过渡期内，甲方应当妥善管理目标资产，不得有任何有害于目标资产的行为。

第五条 陈述与保证

甲方保证目标资产的质量状况、使用年限、性能状况等情况真实。甲方保证目标资产权属无争议，无抵押和查封，并且甲方对该资产拥有完全的所有权，如发生有关目标资产的一切纠纷，由甲方负责处理，并承担由此给乙方造成的一切损失。

第六条 费用的负担

资产转让过程中的费用分担方式为……

第七条 违约责任

约定违反本协议应承担的违约责任为……

第八条 争议解决

约定发生争议的解决方式为……

第九条 附则

合同的份数、附件等信息。

图 8-6　资产收购协议模板

8.2.7　债务重组中的主要法律文书示例

债务重组业务中，最为复杂的就是债转股。债转股的相关法律文书包括债务公司的股东会决议、债权转股权协议等。

债务公司需就债务重组事项做出股东会决议，决议内容包括通过公司债权人签订的债权转股权协议及相关文件，同意债权人以其持有的对债务公司的债权对债务公司增资，同意评估机构对债转股所涉债权的评估价值，并以该评估价值作为该债权作价出资的金额。债权人和债务公司签订的债权转股权协议模板详见图8-7。

债权转股权协议书

甲方（债权人）：

乙方（债务公司）：

鉴于：

为互惠互利，现甲方同意将其合法债权作为投资，转变为乙方股权，乙方愿意接受甲方投资并进行增资扩股。

为保障甲乙双方的合法权利，经充分协商，根据有关法律法规就债权转股权事宜达成如下协议，以资共同遵守。

第一条　乙方基本信息

乙方的注册资本、股权结构等基本情况。

第二条　债权的确认

截止到本协议签订时，甲方对乙方持有的债权总额为 ×××万元。

现甲乙双方经协商，一致同意：甲方将本协议第二条所述债权作为非货币性财产对乙方进行投资，乙方同意接受甲方的投资并进行增资扩股。

本协议签订后，甲乙双方之间的原债权债务关系消灭，甲方不再享有债权，转而变成乙方股东，享有股东权利。

第三条　债转股后的股权构成

债权转股权后，原债务公司的股权构成情况为……

第四条　费用的负担

合并费用的分担方式为……

第五条　违约责任

约定违反本协议应承担的违约责任为……

第六条　争议解决

约定发生争议的解决方式为……

第七条　附则

合同的份数、附件等信息。

图 8-7　债权转股权协议模板

第**9**章

重组执行中的审批环节

重组方案确定后，重组项目组成员需要组织公司内部员工相互配合，完成重组方案执行各阶段的工作。由于许多环节是需要上一环节工作完成后才能开展的，所以重组项目组成员之间需要很好地配合。在重组方案执行开始前，需要与各审批部门沟通，了解各部门要求提交的资料以及在办理各部门手续前需要完成的工作，确保重组方案执行顺利。

9.1　企业重组涉及哪些机构或部门

涉及股权变动、资产产权变动等的重组过程会涉及多个部门的审批。对企业采用的重组方式会涉及哪些审批部门，重组项目组成员需要有充分的了解。涉及的审批部门主要有：工商行政管理部门、税务部门、资产权属登记部门、银行机构、国资委和证监会等。各审批部门在企业重组的不同环节发挥着不同的作用。

9.1.1　工商行政管理部门的作用

重组往往会涉及注册资本、股权比例、股东、经营范围、注册地址等事项的变更，都需要经过工商行政管理部门的审批才能完成。

其主要的作用体现在：公司设立登记、变更登记以及注销登记手续的审批。工商行政管理部门的具体工作内容如表 9-1 所示。

表 9-1　工商行政管理部门的具体工作内容

序号	工作重点	具体工作内容	重要输出
1	设立登记	设立新公司	新公司营业执照
2	变更登记	增加注册资本	变更后的营业执照、变更证明
		减少注册资本	
		股东以及股权比例的变更	
		变更经营范围、注册地址	
3	注销登记	公司注销登记	公司注销证明

并非所有的重组业务都影响营业执照的内容，但是大部分重组业务都会涉及工商行政管理部门。工商行政管理部门在不同重组方式中的作用如表 9-2 所示。

表 9-2 工商行政管理部门在不同重组方式中的作用

序号	重组方式	作用	备注
1	企业合并	注销登记、变更登记、设立登记	1. 吸收合并业务中，需要办理被合并方注销登记以及合并方股东及注册资本变更 2. 新设合并业务中，需要办理合并方和被合并方的注销登记、新企业设立登记
2	企业分立	注销登记、变更登记、设立登记	1. 存续分立业务中，需要办理被分立企业注册资本及股权变更登记、分立企业设立登记 2. 新设分立业务，需要办理被分立企业注销登记及新企业设立登记
3	股权收购	变更登记	被收购方办理股东及股权比例变更
4	资产收购	设立登记	如果设立的新企业进行资产收购，则需要办理新企业设立登记
5	债务重组	变更登记	1. 将债权转为股权的债务重组业务中，需要办理股东及注册资本变更 2. 其他债务重组方式则不涉及工商行政管理部门的工作
6	其他重组方式	变更登记	涉及企业组织形式、经营地址、经营范围等事项变更
		设立登记、变更登记	1. 股东以非货币性资产投资设立新企业需要办理新企业设立登记 2. 股东以非货币性资产增资则需要办理被投资企业股东及股权变更登记
		设立登记	1. 如果向新成立的企业划转资产（股权），需要办理新企业设立登记 2. 如果是向已有企业划转资产（股权），则不涉及工商行政管理部门的工作

到工商行政管理部门办理手续，往往是重组业务执行过程中的第一步（凡是需要到该部门办理手续的）。后续到其他部门办理相关手续时，一般会被要求提供在工商行政管理部门备案的资料，并且该资料上加盖了工商行政管理部门的印章。

9.1.2 税务部门的作用

重组是一项集法律、财务、税务于一体的业务，所有的重组行为都需要符合税收法律法规的相关规定。税务部门在重组过程中的作用是重大的，无论是征税行为还是免税行为，都需要先经税务部门审批并取得相关证明，才能进行后续流程的办理。税务部门主要的作用体现在：税务登记、变更登记、注销登记、免税审批、征收税款等。税务部门的具体工作内容如表 9-3 所示。

表 9-3　税务部门的具体工作内容

序号	工作重点	工作形式及内容	重要输出
1	税务登记	新公司税务登记	无须税务机关出具审批文书，在电子税务局系统变更即可
2	变更登记	增加注册资本	
		减少注册资本	
		股东以及股权比例的变更	
		变更经营范围、注册地址	
3	注销登记	公司注销登记	税务清税证明
4	免税审批	土地增值税、契税等税种的免税手续办理	免税、不征税审批文书
5	征收税款	增值税、土地增值税、契税、企业所得税等税种完税手续办理	完税证明

凡是涉及工商登记及变更事项的重组业务，办理完工商手续，就需要办理税务相关事项的登记及变更手续，有些地区的工商行政管理部门与税务系统信息共享，办理完工商登记，税务系统对应的信息会自动更新，无须再去税务大厅办理。如果涉及不动产转移，后续还需办理税务免税审批及完税手续。

不同的重组方式或者同一种重组方式中的不同形式，适用的税收政策也不同，有些符合免税或者不征税政策，则需要税务机关出具免税或者不征税证明，不符合政策的，则需要缴纳税款并取得完税证明。税务部门在不同重组方式中的作用详见表 9-4。

表 9-4　税务部门在不同重组方式中的作用

序号	重组方式	作用	征免税情况
1	企业合并	设立登记、变更登记、注销登记、契税免税审批、土地增值税不征税审批、税款征收	两个或两个以上的公司，合并为一个公司，且原投资主体存续的，合并免交契税；被合并方免交土地增值税（房地产企业合并不适用免征土地增值税政策）

续表

序号	重组方式	作用	征免税情况
2	企业分立	设立登记、变更登记、注销登记、契税免税审批、土地增值税不征税审批、税款征收	公司分立为两个或两个以上与原公司投资主体相同的公司，分立公司免交契税；被分立公司免交土地增值税（房地产企业分立不适用免征土地增值税政策）
3	股权收购	变更登记	股权收购业务，基本不涉及税款缴纳与免征事项
4	资产收购	设立登记、契税免税审批、土地增值税不征税审批、税款征收	（1）承受县级以上人民政府或国有资产管理部门按规定进行行政性调整、划转国有土地、房屋权属；同一投资主体内部所属企业之间的划转、母公司向全资子公司增资，免交契税 （2）单位、个人在改制重组时以房地产作价入股进行投资，暂不征土地增值税
5	债务重组	变更登记、契税免税审批、税款征收	经国务院批准实施债权转股权的企业，对债权转股权后新设立的公司承受原企业的土地使用权、房屋权属，免征契税
6	其他重组方式	变更登记	企业法律形式改变基本不涉及税款缴纳与免征事项，只需办理税务变更登记
		设立登记、变更登记、契税免税审批、税款征收	如果是股东以土地使用权、房产向全资子公司增资，视同划转，免交契税
		设立登记、契税免税审批、土地增值税不征税审批、税款征收	（1）承受县级以上人民政府或国有资产管理部门按规定进行行政性调整、划转国有土地、房屋权属；同一投资主体内部所属企业之间的划转、免交契税 （2）单位、个人在改制重组时以房地产作价入股进行投资，暂不征土地增值税

只有取得完税或者免税证明，才能办理后续的资产交割手续，因此税务部门在重组业务中的作用是至关重要的，企业在制定最终的重组方案前需要与税务部门就重组方案及征免税情况进行探讨并得出相应的结论，以便决定是否采用该方案。

9.1.3 资产权属登记部门的作用

工商行政管理部门的手续办理完毕后，可以获得工商行政管理部门加盖印章的工商备案资料的复印件。税务部门的手续办理完毕后，可以取得完税证明或免税证明、不征税证明等资料。获得这两个部门出具的资料非常重要，是到资产权属登记部门办理各种产权证书、资格证书、合同的变更手续的前提，资产权属登记部门的具体工作内容如表9-5所示。

表9-5　资产权属登记部门的具体工作内容

序号	工作重点	工作形式及内容	重要输出
1	资产调查	若重组过程中涉及不动产过户，需要先对资产原始情况进行调查，需要国土资源部门配合调查	宗地图等资料
2	不动产过户	已经取得不动产权属证书，需要到不动产登记中心办理证件变更手续	变更后的不动产相关证件
3	在建工程过户	资产还属于在建状态，未办理产权证明，需要将取得的不动产权证、建设用地规划许可证、建筑工程施工许可证、建设工程规划许可证、商品房预售许可证等相关资料办理变更过户	变更后的不动产权证、建设用地规划许可证、建筑工程施工许可证、建设工程规划许可证、商品房预售许可证等
4	车辆行驶证过户	需要持车辆行驶证到交警部门或车辆管理所办理证件变更手续	变更后的车辆行驶证
5	专利证书	需要持专利证书到国家知识产权专利局办理证件变更手续	专利变更手续合格通知书
6	其他有证类资产过户	船舶、飞机、资质权力等，均需要相关部门配合办理	变更后的产权证书、资质证书等

有些资质在办理变更过程中，若满足一定的条件，则可以简化相应的手续或资料，具体情况需要咨询当地资产权属登记部门。

资产权属登记部门包括不动产登记中心、专利局、车辆管理所等，通过资产权属登记部门的资产产权变更登记后，涉及重组的资产过户才算正式完成。

9.1.4　银行机构的作用

在企业重组的过程中，银行机构的手续办理是非常重要的环节之一。如果涉及银行存款的重组，那么就需要到银行机构办理开户、销户等手续。如果因银行贷款，不动产处于抵押状态，还需要与银行协商，解除不动产的抵押手续，以便于及时办理不动产的产权变更手续。银行机构的具体工作内容如表9-6所示。

表 9-6　银行机构的具体工作内容

序号	工作重点	工作形式及内容	重要输出
1	开立账户	涉及银行存款的重组业务中，银行需要配合企业办理银行开户手续。	银行开户许可证、网银等资料
2	解除资产抵押	重组过程中的资产变更过户	资产解除抵押证明
3	解除担保	企业或者个人以自有资产为其他企业或者个人设定抵押，办理变更过户之前需要解除担保，银行需要出具解除担保证明资料	解除担保证明
4	贷款分割	企业重组过程中需要变更贷款主体，银行需要做出审批或者不予审批说明	审批或不予审批文书

大多数银行对于贷款主体的变更业务是不予办理的，因为要对变更后企业的资格或资质重新审批，还要将贷款的调查流程全部执行一次，银行的工作量大，承担的风险高。所以在办理贷款分割之前，要与银行的相关负责人进行沟通，获得同意后，才能进行办理，并将贷款分割事宜写到重组方案中。

9.1.5　国资委和证监会的作用

国有企业和上市公司在进行重组时，除了需要遵循《公司法》的相关规定外，还应当按照各自监管部门的相关规定，取得监管部门审批后，才可以进行相关手续的办理。

国有企业在进行重组之前，必须依照《中华人民共和国企业国有资产法》等规则的要求，报经国务院国有资产监督管理委员会（简称"国资委"）批准国资委不但要对重组的合法性进行审批，还要监督重组的必要性以及合理性，如对国有企业的重组是否能够推动企业发展做出判断。

上市公司在进行重组之前，必须依照《中国证券监督管理委员会行政许可实施程序规定》《上市公司收购管理办法》《上市公司重大资产重组管理办法》等规则的要求，报经中国证券监督管理委员会（简称"证监会"）批准，证监会发挥了对上市公司重组合法性及合理性审批的重要作用。

国资委和证监会审批企业重组需要的资料及审批流程如表 9-7 所示。

表 9-7　国资委和证监会审批企业重组需要的资料及审批流程

企业类型	需要的资料	重组审批流程
国有企业	详细的重组方案，包括企业基本情况、重组目的、重组方式、股权结构、投资者条件、法人治理结构、资产和债权债务处理、职工安置、中介机构选聘、实施计划等	企业制定重组方案—企业内部决策—企业向国资委提报重组方案—国资委对重组方案进行决策—国资委向本级人民政府上报重组方案（重要的国有企业重组需要上报政府）—国资委对重组方案进行审批—企业开展评估等其他工作
上市公司	企业重组的可行性报告、被重组企业职工代表大会的局面意见、重组协议（具体包括：重组目的、重组方式、资产和债权债务处理、职工安置方案、当地政府的意见及申请报告）	受理—初审—反馈专题会—落实反馈意见—审核专题会—并购重组委会议—落实并购重组委审核意见—审结归档

9.2　营业执照注册变更环节

大多数重组业务都会涉及股权的变化，也就需要到工商行政管理部门办理营业执照注册登记等手续。办理的手续包括新公司的注册、原有公司相关信息的变更，以及公司注销等。

9.2.1　如何进行新公司核名

在重组过程中，涉及设立新公司的，第一步就是在政务服务网站进行新公司的核名。核名通过后需要打印核名通知书，核名通知书样式如图 9-1 所示。

企业名称自主申报告知书

您已于 2023 年 08 月 06 日完成"×××有限公司"的名称自主申报，保留期至 2023 年 10 月 05 日，请在保留期内到 ×× 市场监督管理局办理注册登记手续。登记机关将对名称进行审核，如有违反企业名称管理规定或与他人权利产生冲突的情形，登记机关不予登记。

行业及行业代码　　五金产品批发　5174

注册资本　　200 万元（人民币）

投资人　　　　　　　×××

证照号码或证件号码　3700×××××××××××0000

　　该名称经登记机关核准登记后方可使用，申请人不得以企业名称已申报成功为由抗辩企业登记机关对投资人资格和企业设立条件的审查。登记机关审核发现企业名称有违反禁限用规则、公序良俗、引人误解及损害他人合法权益等情形的，申请人应根据登记管理部门的要求进行整改。

×××市场监督管理局

2023 年 02 月 25 日

企业名称自主申报使用承诺书

×××有限公司全体投资人承诺如下事项：

1. 所提交的全部申请材料真实有效，并愿意承担相关法律责任；

2. 严格遵守国家法律、法规和规章，全面履行应尽的责任和义务；

3. 如发生违反企业名称登记管理有关禁限用规则或公序良俗、引人误解等情形，同意登记机关不予登记；

4. 已通过自主申报的企业名称如因相近名称出现名称争议纠纷，愿意自行承担法律责任并根据登记管理部门建议要求进行纠正；

5. 在规定期限内办理企业登记。

全体投资人签章：

日期：

图 9-1　新设公司核名通知书

　　在新公司核名的过程中，需要特别注意，选定的公司名称不能出现法律禁用名词，并且不能出现与其他公司近似的字号。否则在新公司设立登记现场提交资料时，工商行政管理部门将不予办理。

【案例】

　　某贸易公司相关人员在办理分立新设业务的新公司核名时，系统提示与其他公司名称相似，但是相关人员依然勾选同意。由于办理的是分立业务，因此新公司核名后，需要进行为期 45 天的报纸公告。公告到期后，该人员去办理新公司设立登记时，办事人员不予办理，需要重新核名。这意味着还需要再等待 45 天，严重影响了整个分立业务的进度。

9.2.2　如何进行公司设立登记

各地方政府在不断打造更好的营商环境，吸引投资和创业者的过程中，公司设立登记的手续，从烦琐复杂的流程，到很多地区的部门承诺一天办理好营业执照，经历了多次变革。

虽然营业执照办理的手续已经尽量简化，但是必要的资料和必要的流程仍然需要。那么这些必要的资料和流程包括哪些呢？

在完成新公司核名后，即可进行新公司设立登记。

第一步，递交资料。

有些地区可以通过政务服务网站选择"企业开办一窗通"，进行公司设立网上登记，填写相关信息后选择提交，并勾选窗口递交材料。

有些地区可以通过政务服务大厅窗口获取办理新公司设立登记的"明白纸"，根据明白纸的内容收集与设立新公司相关的资料。

第二步，办理设立登记手续。

为避免不同窗口工作人员对工作流程及资料掌握的信息差异，以及工作熟练度导致办理手续差异，建议无论跑几次政务大厅，都要在同一个窗口寻找同一个办事人员办理相关的手续。

设立登记手续需要的资料如下。

（1）公司登记（备案）申请书。

（2）公司章程。

（3）股东的主体资格证明或自然人身份证明。

（4）法定代表人、董事、监事和经理的任职文件。

（5）住所使用证明或者 ×××市场主体住所（经营场所）使用承诺书。

（6）法律、行政法规和国务院决定规定设立公司必须报经批准的或公司申请登记的经营范围中有法律、行政法规和国务院决定规定必须在登记前报经批准的项目，提交有关批准文件或者许可证件的复印件。

（7）核名通知书。

第三步，取得营业执照。

由于资料需要审核，各地执行情况不同，有的地区当天即可获得法人营业执照，有的地区会在三日内发放法人营业执照。

9.2.3　如何进行公司变更登记

由于大部分重组会涉及工商备案信息的变化，如注册资本、股东、经营范围、公司经营地址等，所以需要对公司原注册信息的内容进行变更，并办理备案手续，变更手续如下。

第一步是递交资料。

通过网上预约办理的，首先在政务服务网站选择"企业开办一窗通"，进行公司变更网上登记，填写相关信息后选择提交，并勾选窗口递交材料。

有些地区可以通过政务服务大厅窗口获取办理公司变更登记的明白纸，根据明白纸的内容收集变更登记的相关资料。

第二步是携带资料去政务服务大厅窗口办理变更登记手续。变更登记需要的资料清单如下。

（1）公司登记（备案）申请书。

（2）关于修改公司章程的决议或决定。

（3）修改后的公司章程（全体股东签字）或者公司章程修正案（公司法定代表人签字）。

（4）变更事项相关证明文件。具体要求如下。

①变更住所的，提交变更后住所的使用证明或者 ××× 市场主体住所（经营场所）使用承诺书。

②减少注册资本的，提交在报纸上刊登公司减少注册资本公告样报和公司债务清偿或者债务担保情况的说明（须写明股东以公司减资前认缴的出资额对公司减资前债务债权承担连带责任）。应当自公告之日起 45 日后申请变更登记。

③变更经营范围的，公司申请登记的经营范围中有法律、行政法规和国务院决定规定必须在登记前报经批准的项目，提交有关批准文件或者许可证件的复印件。

④变更股东的，股东向其他股东转让全部股权的，提交股东双方签署的股权转让协议或者股权交割证明。

（5）法律、行政法规和国务院决定规定公司变更事项必须报经批准的，提交有关的批准文件或者许可证件复印件。

（6）已领取纸质版营业执照的缴回营业执照正、副本。

办理减资过程中需要的债务清偿或债务担保证明的样本如图 9-2 所示。

×××有限公司
债务清偿或债务担保的说明

根据×××有限公司 年 月 日召开的股东会决议，决定对公司进行减资，已按《公司法》的规定，于 年 月 日通知了所有的债权人，现将本公司债务清偿或债务担保情况说明如下：

一、公告情况

公司于 年 月 日在《×××报》上公告。

二、资产及负债情况

截至 年 月 日，×××有限公司共有总资产 元，负债 元。

三、债务处理情况

1. 已偿还债务 万元。

2. 已落实担保债务 万元。

3. 已达成协议债务如下：

（1）×××有限公司承担负债 元；

（2）××有限公司承担负债 元；

×××有限公司和××有限公司对分立前的债务承担连带清偿责任，分立后按分立协议规定，承担清偿责任。

四、承诺

本说明不含虚假内容，如有虚假，愿承担相应的一切法律责任。

××有限公司

年 月 日

图 9-2 债务清偿或债务担保证明样本

9.2.4 哪些重组方式需要报纸公告

有些重组方式涉及公司减资、注销等事项，就需要沟通省级及以上级别的报社进行公告。发布公告的目的是保护股东和债权人的利益，也是《公司法》中明确规定的程序之一。因此在减资或者注销的业务中，经股东会决议通过后就要通知债权人并发布公告，保证债权人有提出清偿或要求提供担保的机会，如果不通知债权人或者不发布公告，就会导致程序严重违法。需要发布报纸公告的事项包括减资、分立减资、清算、吸收合并等。

1. 减资公告

股东减少注册资本，应当召开股东会并作出决议。公司应当自作出减少注册

资本决议之日起 10 日内通知债权人，并于 30 日内在报纸上公告。减资公告样本
如图 9-3 所示。

减资公告

×××有限公司，统一社会信用代码×××，经股东会决议，拟向公司登记机关申请减少
注册资本，由人民币××万元减少至人民币××万元，请债权人自本公告登报之日起 45
日内向本公司申报债权。
特此公告！
联系人：××× 联系电话：×××

×× 有限公司
年　月　日

图 9-3　减资公告样本

2. 分立减资公告

公司分立的过程中，被分立公司也需要减少注册资本，被分立公司应当自作
出分立决议之日起 10 日内通知债权人，并于 30 日内在报纸上公告，分立减资公
告样本如图 9-4 所示。

分立减资公告

××有限公司（统一社会信用代码×××），经股东会决议，拟存续分立为两个公司，其
中：存续公司为××有限公司，其注册资本由××万元人民币减为××万元人民币。新
设公司为×××有限公司，注册资本为××万元人民币。分立后××有限公司的债权债
务由××有限公司及×××有限公司承担连带清偿责任。原公司债权人于本公告发布之
日起 45 日内，可有权要求公司清偿债务或提供相应担保。
特此公告！
联系人：　联系电话：

×× 有限公司
年　月　日

图 9-4　分立减资公告样本

债权人自接到通知书之日起 30 日内，或公告之日起 45 日内，可以要求公司
清偿债务或者提供相应担保。

3. 清算公告

不同性质的单位，清算公告的发布规定也不相同。

（1）个人独资企业自行清算的，应当在清算前 15 日内书面通知债权人。无法通知的，应当予以公告。债权人应当在接到通知之日起 30 日内，未接到通知的应当在公告之日起 60 日内，向投资人申报其债权。

（2）合伙企业清算人应自被确定之日起 10 日内将合伙企业解散事项通知债权人，并于 60 日内在报纸上公告。债权人应当自接到通知书之日起 30 日内，未接到通知书的自公告之日起 45 日内，向清算人申报债权。

（3）公司解散的清算组应当自成立之日起 10 日内通知债权人，并于 60 日内在报纸上公告；债权人自接到通知书之日起 30 日内，未接到通知书的自公告之日起 45 日内，向清算组申报债权。

清算公告样本如图 9-5 所示。

清算公告

根据《公司法》和公司章程及有关法律法规的规定，经 ×××× 公司 20×× 年 ××月 ×× 日的股东会决议（或股东决定）解散（或《公司法》第一百八十条规定的解散事由），现已成立清算组进入清算阶段，请有关债权人自接到公司通知书之日起 30 日内，未接到通知书的自本公告之日起 45 日内，提交有关证明材料到本公司清算组申报债权及办理债权登记手续。

特此公告！

联系人：××× 联系电话：××× 联系地址：×××

×××× 公司清算组

组长：×××

年　月　日

图 9-5　清算公告样本

4. 吸收合并公告

公司吸收合并的，合并各方应当自合并决议作出之日起 10 日内通知各自的债权人，并于 30 日内在报纸上公告；债权人自接到通知书之日起 30 日内，未接到通知书的自公告之日起 45 日内可以要求公司清偿债务或者提供相应的担保。吸收合并公告样本如图 9-6 所示。

吸收合并公告

根据×××有限公司（以下简称甲公司）、××有限公司（以下简称乙公司）双方的股东会决议约定，甲公司拟吸收合并乙公司，合并完成后，甲公司继续存续，乙公司将注销。合并前甲公司注册资本为××万元；乙公司注册资本为××万元。经甲、乙双方股东会决议约定，合并后存续的甲公司注册资本为××万元。

根据有关法律规定，合并各公司的债权债务均由合并后存续的甲公司承继。请合并各公司的债权人自收到通知书之日起30日内，未收到通知书的自本次公告之日起45日内，可凭有效债权凭证要求公司清偿债务或提供担保。债权人未在规定期限内行使上述权利的，吸收合并将按照法定程序实施。

特此公告。

联系人：××× 电话：×××

×××有限公司

××有限公司

年 月 日

图 9-6　吸收合并公告样本

9.2.5　如何办理公司注销登记

有些重组方式中，需要注销公司，例如采用吸收合并方式的被合并公司、采用新设分立方式的被分立公司，都需要办理相关公司的工商注销登记手续。

第一步是递交资料。

通过网上预约办理的，首先在政务服务网站选择"企业开办一窗通"，进行公司注销网上登记，填写相关信息后选择提交，并勾选窗口递交材料。

有些地区可以通过政务服务大厅窗口获取办理公司注销登记的明白纸，根据明白纸的内容收集注销登记的相关资料。

第二步是携带资料去政务服务大厅窗口办理注销登记手续。注销登记需要的资料清单如下。

（1）企业注销登记申请书。

（2）公司依照《公司法》作出解散的决议或者决定，人民法院的破产裁定、解散裁判文书，行政机关责令关闭或者公司被撤销的文件。

（3）股东会、股东大会、一人有限责任公司的股东或者人民法院、公司批准机关备案、确认的清算报告。

（4）国有独资公司申请注销登记，还应当提交国有资产监督管理机构的决定。其中，国务院确定的重要的国有独资公司，还应当提交本级人民政府的批准文件复印件。

（5）税务部门出具的企业清税文书（市场监管部门和税务部门已经共享公司清税信息的，公司无须提交纸质清税证明文书）。

（6）已领取纸质版营业执照的缴回营业执照正、副本。

（7）仅通过报纸发布债权人公告的，公司需要提交依法刊登公告的报纸样张。

公司根据实际情况，选择一般注销或者简易注销方式，如果公司选择一般注销则需要提交清算报告，如果选择简易注销或者是因合并、分立而办理公司注销登记的，则无须提交清算报告，只需要提交合并协议或分立决议、决定。

9.3　税务登记审批环节及相关涉税事项

重组业务伴随着各类资产的转移，大多数转移的有形资产和无形资产都会涉及税款的计算与缴纳，符合国家免税政策的也可以通过办理减免税的手续，得到税款的豁免。

9.3.1　与重组相关的税种有哪些

我国税收占比较高的几种税主要是增值税、企业所得税、个人所得税。每个税种都有着特殊的作用，是国家调节经济的重要工具。国家对鼓励的项目、行业、地区、行为，会发布税收优惠政策。

大多数企业重组业务会涉及资产转移，进而会涉及与资产转移相关的税款计算与缴纳。国家鼓励企业通过重组实现发展和帮助企业解困，因此重组业务的税收优惠政策也格外多。重组方案的制定重点就是在能够实现商业意图的前提下，合法合理地充分利用好这些税收优惠政策，尽可能降低重组成本。

与重组相关的各税种在重组业务中均有税收优惠的相关规定，详见表9–8。

表 9-8　重组业务涉及的税种

序号	税种	税基	税率	是否有减免税政策
1	增值税	企业重组过程中产生的资产评估增值部分	（1）转让营业税改征增值税以前的不动产，可以选择简易计税办法，按照5%的征收率计算缴纳增值税，也可以选择一般计税方法按照9%的税率计算缴纳增值税 （2）转让营业税改征增值税以后的不动产，适用一般计税项目，按照9%的税率计税缴纳增值税	有
2	城市维护建设税	实际缴纳的增值税	（1）纳税人所在地在城市市区的，税率为7% （2）纳税人所在地在县城、建制镇的，税率为5% （3）纳税人所在地不在城市市区、县城、建制镇的，税率为1%	有
3	教育费附加及地方教育附加	实际缴纳的增值税	教育费附加：征收率为3% 地方教育附加：征收率为2%	有
4	土地增值税	企业重组过程中资产评估价值扣除项目金额后的余额	根据增值额占扣除项目金额比例不同，税率为30%、40%、50%和60%四档	有
5	契税	转让的房产、土地使用权的转让价格或评估价值	（1）国有土地使用权出让，适用税率为4% （2）土地使用权转让以及房屋买卖、赠与、交换等其他转移土地使用权、房屋权属行为，适用税率为3%	有
6	印花税	转让的房产、土地的转让价格或评估价值	（1）产权转移印花税，税率为0.05% （2）资金账簿印花税，税率为0.025%	有
7	企业所得税	详见第10章重组中的涉税事宜	详见第10章重组中的涉税事宜	有

续表

序号	税种	税基	税率	是否有减免税政策
8	个人所得税	股权转让个人所得税，以股权转让收入减除股权原值和合理费用后的余额作为计税依据	（1）股权转让个人所得税，税率为 20% （2）债务重组中产生的收入，应当作为经营所得，按照 5%~35% 超额累进税率缴纳个人所得税	有

9.3.2 税务设立及变更登记、注销登记

在重组业务中，涉及公司新设、营业执照变更或者注销的，基本都会涉及税务相关登记、变更和注销手续，具体操作步骤如下。

1. 设立及变更登记

重组业务中涉及新公司设立登记的，需要在完成工商登记手续后，办理新纳税人税务登记。各省市区对办理完工商登记手续后，是否需再办理一遍税务登记的规定不一样。在具体办理时，需要询问当地税务部门后，按规定办理相关手续。

重组过程中，涉及重组公司的股权、注册资本、经营地址等事项的变更时，也需要同时办理税务的变更登记。办理股权的变更时，有可能还会涉及转出股权股东的个人所得税问题。

2. 注销登记

在一些重组业务中，办理完资产证件的过户手续之后，就需要办理公司税务注销登记。例如采取吸收合并、新设分立等重组方式，被合并方或被分立方办理注销税务登记前，应当向税务机关提交相关证明文件和资料。

在吸收合并的重组业务中，被吸收合并的公司办理注销税务登记时，可以申请办理快速和简易注销程序，无须办理结清税款、多退（免）税款、滞纳金和罚款等手续。

经税务机关核准，在缴销发票、税务登记证件和其他税务相关证件后，可办理注销税务登记手续。重组业务涉及的注销手续有繁有简，详见图 9-7。

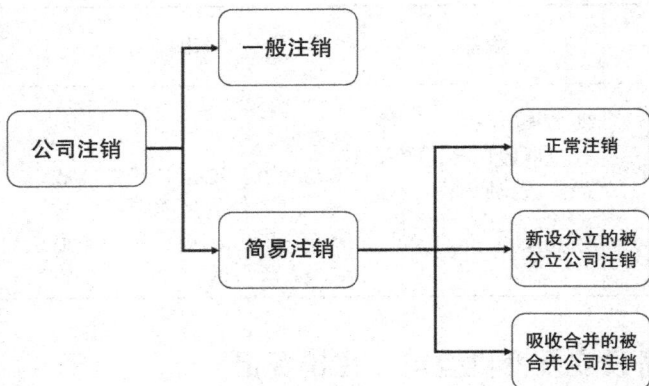

图 9-7 公司注销手续类型

各地政策不一样，有些地区可以选择简易注销，有些地区则必须采用一般注销。公司在办理注销登记时可以参考当地公司注销流程，或向当地税务机关咨询，是否可以执行简易注销流程。办理注销登记，需要登录电子税务局，填写公司注销清算表，提交后等待税务机关后台审核填报情况及调查税收缴纳情况，符合注销条件的，税务机关会出具清税证明。

9.3.3　沟通涉税事项的难点与重点

国家大力支持企业实施重组，为了帮助企业焕发新的活力、提高市场竞争力等，发布了一系列的税收优惠政策，让企业以较低的税收代价完成产业转型、资产剥离与盘活等。但也有些企业用错政策，导致未能享受到税收优惠政策；也有的企业利用税收优惠政策，通过恶意和虚假重组来逃避缴纳税款。

另外，重组业务不属于常态性业务，即便是税务机关的人员也不经常接触此类业务。所以在重组前，应当与税务机关人员对政策的理解进行沟通，以便根据达成的共识来调整重组方案。有条件的，还应对以前年度的税款缴纳情况进行检查，防止欠税导致税务机关对重组业务不支持的情况发生。就增值税与土地增值税方面沟通的具体内容如下。

1. 增值税方面

如果一项重组行为中既有资产的转移，又有与资产相关联的债权债务以及劳动力的转移，那么这项重组行为免征增值税。增值税不征税证明不需要税务机关出具，但是必须符合免征增值税的要求，尤其是对劳动力转移的理解，以及相关证明材料如何准备，都需要与税务部门做好事前的沟通。

【案例】

2018 年，某机械制造公司对公司进行分立，将一厂区以及相关的机器设备、负债分立至新公司。新公司开始经营全新的产品。该公司认为此业务符合特殊性税务重组，未缴纳任何税金。

次年，税务机关检查时发现，新公司近一年并未缴纳任何社保。该公司也无法提供证据证明与该厂区相关的劳动力一同分立到新公司。最终，该公司补缴了与分立相关的所有税款。

2. 土地增值税方面

如果资产重组过程中涉及不动产变更过户，就需要与税务机关沟通土地增值税相关事宜。符合条件的重组按照政策规定可以直接享受免税政策。有些重组方式不能免征土地增值税，则需要按照重组时的评估增值部分缴纳土地增值税。对于评估价值的确定需要与税务机关沟通，评估机构出具的报告需要得到税务机关的认可，才能作为依据计算税金。

9.3.4　哪些重组业务需要办理免税手续

企业享受重组的税收优惠政策时，有些政策要求办理免税审批手续，有些则不需要办理，详见图 9-8。

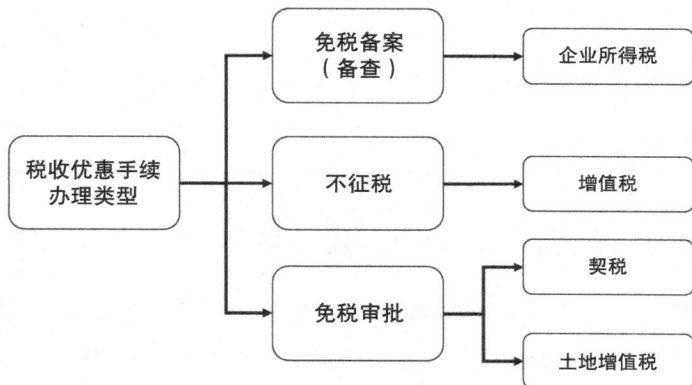

图 9-8　税收优惠手续办理类型

企业所得税的免税备案（备查）在 9.3.5 小节中将会有详细的介绍。

增值税的不征税行为无须办理税务审批及备案（备查）手续，资产转让方给接收方开具发票，选择"607 资产重组涉及的房屋等不动产"或"608 资产重组涉及的土地使用权"项目，开票系统默认税率为"不征税"。

享受契税和土地增值税税收优惠，需要向税务机关申请办理免税手续，目前资产过户不仅需要出示工商备案的重组资料，还需要出示税务机关开具的契税免税证明和土地增值税不征税证明。

一些地区的不动产登记中心要求，只要取得了契税的免税证明，就能办理分立不动产的产权过户。有些地区政府部门则要求同时提供契税免税证明和土地增值税不征税证明才能办理分立不动产的产权过户。企业需要就提供免税申请的资料与当地主管部门沟通和协调。

并不是所有的重组方式都能申请办理免税和不征税手续，可以办理免税手续的重组业务类型如表 9-9 所示。

表 9-9　可以办理免税手续的重组业务类型

序号	重组方式	契税	土地增值税
1	企业分立	√	√
2	企业合并	√	√
3	非货币性资产投资		√
4	资产（股权）划转	√	√
5	资产收购	√	√
6	股权收购		
7	债务重组	√	
8	企业法律形式改变		

9.3.5　如何办理重组的企业所得税备案

重组业务中涉及的企业所得税有两种处理方式，即一般性税务处理和特殊性税务处理。一般性税务处理也就是正常计算企业所得税，不享受免税政策；特殊性税务处理，则是在符合政策的条件下，享受免税政策。

因此，符合特殊性税务处理的企业，需要在重组完成年度，办理企业所得税汇算清缴时，填报"企业重组所得税特殊性税务处理报告表"和"企业重组及递延纳税事项纳税调整明细表"，并且需要准备备案资料存档。

　　重组过程中可以选择特殊性税务处理的重组方式有：债务重组、股权收购、资产收购、企业分立、企业合并等。各种重组方式下需要准备的资料详见表 9-10。

表 9-10　企业所得税备案资料

序号	资料类型	重组备案资料
1	基础自制材料	（1）重组的总体情况说明，包括重组方案、企业基本情况、重组所产生的应纳税所得额、重组的商业目的等 （2）12 个月内不改变重组资产原来的实质性经营活动、原主要股东不转让所取得股权的承诺书 （3）重组合同、企业权力机构的批准文件、关于重组的股东会决议和董事会决议等 （4）重组当事各方一致选择特殊性税务处理并加盖当事各方公章的证明资料 （5）重组前连续 12 个月内有无与该重组相关的其他股权、资产交易，该重组是否构成分步交易、是否作为一项企业重组业务进行处理的说明 （6）按会计准则规定当期应确认资产（股权）转让损益的，应提供按税法规定核算的资产（股权）计税基础与按会计准则规定核算的相关资产（股权）账面价值的暂时性差异专项说明 （7）企业重组所得税特殊性税务处理报告表及附表
2	基础外部资料	（1）工商行政管理部门等机关登记的相关企业股权变更事项的证明材料 （2）涉及债权、股权重组的法院裁定书 （3）资产的评估报告或者资产公允价值的其他证明资料 （4）涉及非货币性资产支付的，应提供非货币性资产评估报告或其他公允价值证明
3	企业分立业务的特殊资料	（1）分立企业承继被分立企业所分立资产相关所得税事项（包括尚未确认的资产损失、分期确认收入和尚未享受期满的税收优惠政策等）的说明 （2）若被分立企业尚有未超过法定弥补期限的亏损，应提供亏损弥补情况说明、被分立企业重组前净资产和分立资产公允价值的证明材料 （3）被分立企业的净资产、各单项资产和负债账面价值和计税基础等相关资料

序号	资料类型	重组备案资料
4	企业合并业务的特殊资料	（1）企业合并当事各方的股权关系说明，若属同一控制下且不需支付对价的合并，还需提供在企业合并前，参与合并各方受最终控制方的控制在 12 个月以上的证明材料 （2）涉及可由合并企业弥补被合并企业亏损的，需要提供其合并日净资产公允价值证明材料及主管税务机关确认的亏损弥补情况说明 （3）合并企业承继被合并企业相关所得税事项（包括尚未确认的资产损失、分期确认收入和尚未享受期满的税收优惠政策等）的说明

9.4 产权变更登记环节

重组业务中还会涉及有证资产的转移，比如房屋所有权、土地承包经营权、专利权、车辆等的变更过户。这些有证资产的过户手续该如何办理？在重组业务中需要关注哪些问题呢？

还有一些特殊的情况，如在建工程只有建设过程中的一些证件，该如何进行资产的转移呢？企业拥有的资格资质、特许经营权，是否能够随着企业重组转移至另外一个企业呢？

9.4.1 如何办理不动产证件的变更

重组通常伴随着资产的变更过户，在取得了税务完税证明或者免税证明之后，需要携带原公司户头的不动产权证书、工商备案资料、重组协议、免税证明或完税证明等相关资料，到不动产登记中心办理变更过户手续。不动产过户资料清单如表 9-11 所示。

表 9-11 不动产过户资料清单

序号	资料
1	工商备案的重组全套资料
2	工商变更记录（工商打印版本）
3	不动产权证书原件及复印件
4	营业执照副本原件、复印件
5	税务免税证明或完税证明
6	法定代表人身份证复印件、代理人身份证原件

续表

序号	资料
7	不动产测绘宗地图
8	授权委托书

具体资料要按照各主管登记机关的要求准备。需要特别注意的是，在办理抵押状态的不动产相关证件变更之前，需要解除所有需要过户的不动产抵押权，否则无法办理变更过户。为了不影响重组的进度，在重组开始之前，负责资产过户的项目组人员，就需要与银行等实施抵押的部门沟通，及时解除抵押。

【案例】

新兴公司采用分立的方式，将公司的一处商业网点分到新公司，制定重组方案前，进行了相应的尽职调查，但是缺少了对资产状态的尽职调查。2021 年 10 月15 日，新兴公司发布了分立减资公告，公告到期（2021 年 11 月 30 日）后，办理了新兴公司的减资手续及新公司的设立登记手续，并于次日办理了税务免税手续。

负责资产过户手续的重组项目组成员林伟，携带分立的全套备案资料及税务免税资料到不动产登记中心办理过户手续。工作人员在对资产权属情况进行审核时发现，该处网点目前处于抵押状态，新兴公司在 2021 年 1 月 20 日申请商业银行贷款时设定了抵押权。工作人员以资产抵押为由不予办理过户手续，需要解除抵押后才能正常办理，分立进程被迫中止。

9.4.2　如何办理其他产权证书的变更

企业重组过程中，除了房产、土地使用权、在建工程、资质、特许权等的变更事项，还可能涉及专利权证书、车辆行驶证等证件的变更过户，各类证书的变更流程及准备的资料有所不同。

1. 专利权证书的变更

专利权的变更也称为著录项目的变更，企业重组过程中涉及的变更主要是专利权、申请权的转移。不同的重组方式下进行变更需要提交的证明资料详见表 9-12。

表 9-12　不同重组方式下变更需提交的证明资料清单

序号	重组方式	需提交的证明资料
1	企业合并或分立	有关公司合并或分立的证明文件
2	企业注销	企业注销的证明文件、专利申请权或专利权转让合同

续表

序号	重组方式	需提交的证明资料
3	企业破产重组	破产清算的详细财产分配情况证明
4	改制或改变组织形式	工商行政管理部门出具的企业组织形式改变的证明文件；上级主管部门作出的改变企业组织形式的批示

专利权证书申请变更流程如图 9-9 所示。

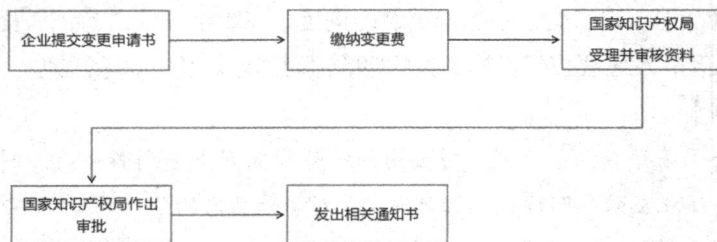

图 9-9　专利权证书申请变更流程

2. 车辆行驶证的变更

有些企业在重组过程中，需要将企业名下的车辆转移到其他企业，就需要办理车辆转移登记，重组企业需要先将涉及机动车的交通安全违法行为和交通事故处理完毕，才能办理变更过户。需要提交的资料如下：

（1）机动车转移登记申请表（需要被委托人签字）；

（2）现机动车所有人的身份证明原件和复印件；

（3）所有权转移证明或凭证原件；

（4）机动车登记证原件；

（5）机动车行驶证原件；

（6）机动车号牌。

办理车辆转移登记的流程如图 9-10 所示。

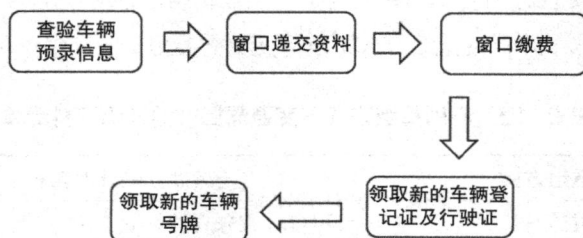

图 9-10　车辆转移登记流程

第 **10** 章

重组中的涉税事宜

重组过程中如果存在资产产权的转移以及股权的变动，就会涉及税款。企业是否能享受减免税政策是制定重组方案时需考虑的非常重要的因素之一，因此各种重组方案设计出来之后，都会进行税款的测算。本章将对各种重组方式下的税款测算规则进行解读。

10.1 企业所得税的处理

重组过程中涉及的企业所得税有两种处理方式：一般性税务处理和特殊性税务处理。企业选择特殊性税务处理，无须缴纳企业所得税，但是如果不满足特殊性税务处理的条件，只能选择一般性税务处理，此时企业就需要按照相关的规定缴纳企业所得税。

进行特殊性税务处理需要同时满足税法中规定的基本条件。如重组必须是不以少交税，且具有合理商业目的；被收购、合并或分立部分的资产或股权比例满足规定的比例；交易对价中涉及股权支付金额满足规定比例；重组资产在后续的连续 12 个月内不改变原来的实质性经营活动；取得股权支付的原主要股东，在重组后连续 12 个月内，不得转让所取得的股权。

10.1.1 企业合并的企业所得税处理

在企业合并方式中，如果符合特殊性税务处理的基本条件，可以免缴企业所得税，但被合并企业的资产和负债不得按公允价值确认合并后的计税基础，这与一般性税务处理明显不同。企业合并企业所得税处理方式见表 10-1。

表 10-1 企业合并企业所得税处理方式

序号	主体	特殊性税务处理方式	一般性税务处理方式
1	合并企业	接受并入的资产和负债以被合并企业的原有计税基础确定，不得按公允价值确认和计算税前列支的折旧	应按公允价值确定接受并入各项资产和负债的计税基础

续表

序号	主体	特殊性税务处理方式	一般性税务处理方式
2	被合并企业	合并前的企业所得税相关事项由合并企业承继；合并企业弥补被合并企业亏损的限额＝被合并企业净资产公允价值 × 截至合并业务发生当年年末国家发行的最长期限的国债利率	被合并企业的亏损不得在合并企业结转弥补；被合并企业应按清算进行企业所得税处理
3	被合并企业的股东	被合并企业股东取得合并企业股权，以其原持有的被合并企业股权的计税基础确定	被合并企业股东应按清算进行所得税处理

【案例】

长隆公司和远遥公司均为兴华公司投资的全资子公司，注册资本分别为 500 万元和 300 万元。长隆公司和远遥公司经营范围相似，主要为计算机及配件的生产及销售。

为扩大生产规模，在股东兴华公司主导下，长隆公司采用吸收合并方式将远遥公司账面资产和负债全部转到长隆公司，之后远遥公司注销。2021 年 5 月 31 日为合并基准日。

合并前后的持股情况见图 10-1，合并前长隆公司和远遥公司的资产、负债和所有者权益如表 10-2 所示。

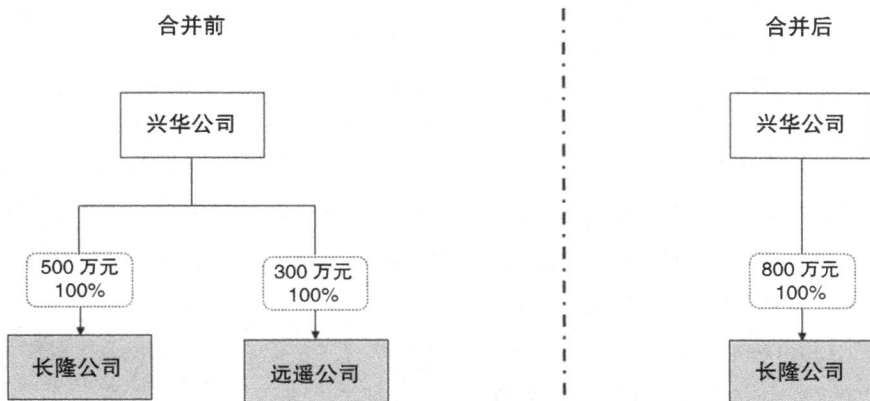

图 10-1　合并前后股权情况对比

163

表10-2　合并前长隆公司和远遥公司资产、负债和所有者权益

单位：万元

合并方长隆公司		被合并方远遥公司	
报表项目	账面价值	报表项目	账面价值
资产	1500	资产	800
负债	670	负债	400
所有者权益	830	所有者权益	400
其中：实收资本	500	其中：实收资本	300
未分配利润	330	未分配利润	100

合并后长隆公司的资产、负债和所有者权益如表10-3所示。

表10-3　合并后长隆公司资产、负债和所有者权益

单位：万元

报表项目	账面价值
资产	2300
负债	1070
所有者权益	1230
其中：实收资本	800
未分配利润	430

在本次合并完成后，被合并方远遥公司、合并方长隆公司以及股东兴华公司均不需要缴纳企业所得税。合并各方在年终汇算清缴时按规定准备了免征企业所得税的备案资料，并填报了"企业重组所得税特殊性税务处理报告表"和"企业重组及递延纳税事项纳税调整明细表"。

上述案例中，在合并过程中，合并各方均享受了免缴企业所得税的优惠政策，是因为这次合并业务满足特殊性税务处理的全部基本条件。

但如果合并后，股东兴华公司在一年之内将持有的长隆公司的股权的一部分转让给他人，那么远遥公司合并至长隆公司的资产应该按照公允价值确认转让收入；而股东兴华公司应当视同利润分配处理，根据远遥公司清算所得计算缴纳企业所得税。

10.1.2　企业分立的企业所得税处理

在企业分立方式中，选择特殊性税务处理和一般性税务处理，分立各方企业所得税处理各不相同，具体规定如表 10-4 所示。

表 10-4　企业分立企业所得税处理方式

序号	主体	特殊性税务处理方式	一般性税务处理方式
1	分立企业	分立取得的资产和负债按被分立企业原有计税基础确认	应按公允价值确认接受资产的计税基础
2	被分立企业	分立出去资产不确认转让所得或损失，按原有计税基础确定 被分立企业未超过法定弥补期限的亏损额，可按分立资产占全部资产的比例进行分配	分立出去的资产应按公允价值确认资产转让所得或损失； 企业分立相关企业的亏损不得相互结转弥补
3	被分立企业的股东	被分立企业的股东取得分立企业的股权（以下简称"新股"），如需部分或全部放弃原持有的被分立企业的股权（以下简称"旧股"），"新股"的计税基础应以放弃"旧股"的计税基础确定。 如不需放弃"旧股"，则其取得"新股"的计税基础可从以下两种方法中选择确定：直接将"新股"的计税基础确定为零；或者以被分立企业分立出去的净资产占被分立企业全部净资产的比例先调减原持有的"旧股"的计税基础，再将调减的计税基础平均分配到"新股"上	（1）被分立企业继续存续时，股东取得的对价应视同被分立企业分配进行处理 （2）被分立企业不再继续存续时，股东取得的对价应按清算进行处理
	分立企业的股东	分立企业的股东取得"新股"，如需部分或全部放弃"旧股"，"新股"的计税基础应以放弃"旧股"的计税基础确定	

【案例】

新兴公司由出资 600 万元的华宇公司和出资 400 万元的智胜公司共同投资设立，主要从事轴承和金属玩具的生产与销售。

2021 年初，新兴公司采用存续分立方式进行业务分割，将新兴公司金属玩具产品的业务剥离到新设立的新盛公司，以实现专业化发展。分立时，两方股东均已出资到位。分立前后的持股情况见图 10-2。新兴公司股东会选定 2020 年 12 月 31 日作为分立基准日，分立前后资产、负债和所有者权益如表 10-5 所示。

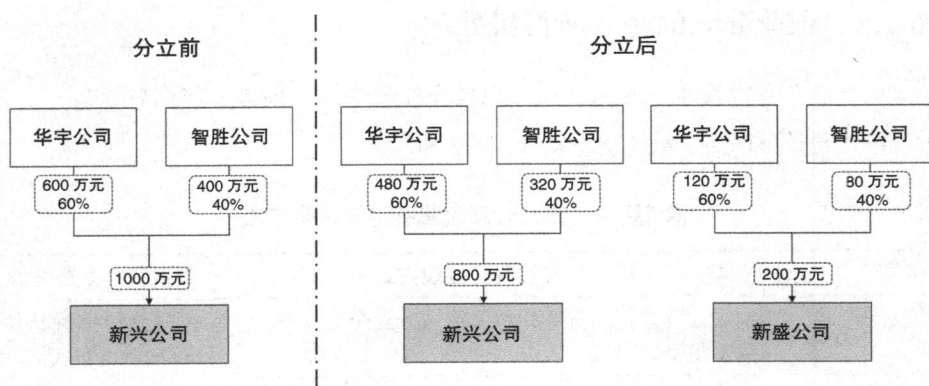

图 10-2　分立前后股权情况对比

表 10-5　分立前后资产、负债和所有者权益

单位：万元

报表项目	分立前	分立后	
	新兴公司账面价值	存续新兴公司账面价值	新设新盛公司账面价值
资产	2000	1700	300
负债	800	700	100
所有者权益	1200	1000	200
其中：实收资本——华宇公司	600	480	120
实收资本——智胜公司	400	320	80

分立至新盛公司的资产包含价值为 300 万元，账面净值为 200 万元的厂房一栋。在本次分立完成后，被分立方新兴公司、分立方新盛公司以及股东华宇公司和智胜公司均不需要缴纳企业所得税。

上述案例中，在新兴公司分立过程中，分立各方均享受了免征企业所得税的优惠政策，是因为这次分立业务满足特殊性税务处理的基本条件。首先分立目的是实现专业化发展，并非偷税漏税或延迟缴纳税款，具备合理的商业目的；另外，分立后各方股东的股权比例不变，并且股东承诺在一年之内不转让其持有的股权，其他几个条件也都满足。

如果新兴公司分立后，股东华宇公司或智胜公司在新盛公司的股权比例发生变化，那么新兴公司分立至新盛公司的房产应该按照公允价值 400 万元和账面净值 200 万元的差额确认资产转让所得，其他资产转让所得也应一并缴纳企业所得税；而华宇公司或智胜公司取得新盛公司的股权，应当视同利润分配处理，缴纳企业所得税。

10.1.3　股权收购的企业所得税处理

在股权收购方式中，享受特殊性税务处理的企业除需符合特殊性税务处理的一般性条件外，还需要同时满足如下条件：

（1）收购企业购买的股权不低于被收购企业全部股权的 50%；

（2）收购企业在该股权收购发生时的股权支付金额不低于其交易支付总额的 85%。

在股权收购方式中，股权收购各方企业所得税处理各不相同，具体规定如表 10-6 所示。

表 10-6　股权收购企业所得税处理方式

序号	主体	特殊性税务处理方式	一般性税务处理方式
1	转让方	转让方取得收购企业股权的计税基础，以被收购股权的原有计税基础确定	应确认股权转让所得或损失
2	收购方	收购方取得被收购企业股权的计税基础，按被收购股权的原有计税基础确定	取得股权的计税基础应以公允价值为基础确定
3	被收购企业	被收购企业原有各项资产和负债的计税基础和其他相关所得税事项保持不变	被收购企业的相关所得税事项原则上保持不变

【案例】

春雨公司是一家从事儿童服装生产与销售的企业，注册资本 2000 万元，股东春竹公司持股比例 80%，投资成本 1600 万元；衣尚服装公司主营儿童泳装生产与销售。

为扩大企业生产规模，2022 年初，衣尚服装公司与春竹公司签订股权收购协议，以 2000 万元收购春竹公司持有的春雨公司全部股权，收购后，衣尚服装公司成为春雨公司股东。

因为本次股权收购中对价支付方式全部为非股权支付，所以就不能适用特殊性税务处理，转让方春竹公司应确认股权转让所得 400 万元（2000-1600），并入当期的应纳税所得额。

案例中，如果衣尚服装公司收购春雨公司股权，以其自身的股权或者以持股公司的股权作为支付对价，且股权支付的比例符合税法规定的最低限额，在符合其他特殊性税务处理条款的情况下，转让方春竹公司无须缴纳企业所得税。

10.1.4　资产收购的企业所得税处理

在资产收购方式中，除符合特殊性税务处理的一般性条件外，享受特殊性税务处理的企业还需要同时满足如下条件：

（1）收购方收购的资产不低于转让企业全部资产的 50%；

（2）收购方在该资产收购发生时的股权支付金额不低于其交易支付总额的 85%。

在资产收购方式中，资产收购各方企业所得税处理各不相同，具体规定如表 10-7 所示。

表 10-7　资产收购企业所得税处理方式

序号	主体	特殊性税务处理方式	一般性税务处理方式
1	转让方	转让方取得收购方股权的计税基础，以被转让资产的原有计税基础确定	1. 转让方应确认资产转让所得或损失 2. 转让方的相关所得税事项原则上保持不变
2	收购方	收购方取得转让方资产的计税基础，以被转让资产的原有计税基础确定	收购方取得股权或资产的计税基础应以公允价值为基础确定

【案例】

东盛公司主营计算机芯片的生产与销售，为提升产品的市场竞争力，2020 年初公司决定以其持有的新胜公司价值近 5000 万元的股权作为对价，收购同行业企业惠全电子公司机械设备、厂房等实质经营性资产。被收购的资产占惠全电子公司全部资产的 80%。

双方于 2020 年 2 月 10 日签署资产收购协议，并委托评估师事务所对资产进行评估。评估基准日，惠全电子公司转让资产明细如表 10-8 所示。

表 10-8　惠全电子公司转让资产明细

单位：万元

项目	原值	累计折旧	计税基础	公允价值
机械设备	1000	200	800	1500
厂房	3000	800	2200	4000
合计	4000	1000	3000	5500

双方经磋商，东盛公司不需要补差价，但与该批资产相关的 500 万元的债务与相关人员同时转移给东盛公司。

在本次资产收购中，转让方惠全电子公司和收购方东盛公司均不需要缴纳企业所得税。

案例中收购方和转让方为什么都不需要缴纳企业所得税呢？

本次资产收购的目的是扩大生产规模，提升产品市场竞争力，具备合理的商业目的；收购方东盛公司取得惠全电子公司资产以持有的股权作为对价支付；收购后，东盛公司继续从事电子产品的生产。因为满足特殊性税务处理的所有条件，所以收购双方及股东都不需要缴纳企业所得税。

如果不能同时满足上述条件，则只能适用一般性税务处理，转让方惠全电子公司应按照转让资产的公允价值确认资产转让所得。如果资产收购中支付的对价既包含了股权又包含非股权，那么即使满足了特殊性税务处理，对于非股权支付部分也需要按照转让资产的公允价值确定资产转让所得。

10.1.5　债务重组的企业所得税处理

在债务重组方式中，债务重组各方企业所得税处理各不相同，具体规定如表 10-9 所示。

表 10-9　债务重组企业所得税处理方式

序号	债务重组方式	主体	特殊性税务处理方式	一般性税务处理方式
1	债权转股权	债务人	不确认债务清偿所得或损失	按照支付的债务清偿额低于债务计税基础的差额，确认债务重组所得

序号	债务重组方式	主体	特殊性税务处理方式	一般性税务处理方式
2	债权转股权	债权人	股权投资的计税基础以原债权的计税基础确定	债权人应当按照收到的债务清偿额低于债权计税基础的差额，确认债务重组损失
3	以非货币性资产清偿	债务人	债务重组确认的应纳税所得额占该企业当年应纳税所得额 50% 以上的，可在 5 个纳税年度内，均匀计入各年度的应纳税所得额	该业务可分解为转让相关非货币性资产、按非货币性资产公允价值清偿债务两项业务，确认相关资产的所得或损失
4		债权人	债务重组损失可计入当期应纳税所得额	

【案例】

在本书 2.2.2 小节的案例中，信达公司将欠付宝成公司 500 万元的债务，通过债转股的重组方式让自己起死回生。

在债转股之前，经评估机构评估的信达公司股权公允价值为 880 万元。债转股之后，宝成公司对信达公司的持股比例确定为 36%。

在本次债务重组过程中，债务人信达公司不确认债务清偿所得，因此无须缴纳企业所得税；债权人宝成公司不确认债务清偿损失，即宝成公司对信达公司的股权投资计税基础以原债权计税基础确定，为 500 万元。

案例中本次债转股的目的是缓解债务人的资金压力，赋予债务人新的活力，保证其能够持续经营，同时保障债权人的利益，具有合理的商业目的；债转股后，债权人宝成公司承诺持有信达公司的股权在 1 年之内保持不变。因此，本次债务重组双方均可采用特殊性税务处理。

如果债权人宝成公司取得的信达公司股权在 1 年内即对外转让，那么就不符合特殊性税务处理条件，债务人宝成公司就需要确认债务清偿所得，债权人信达公司也需要确认债务清偿损失。

10.2 其他税种的处理

除了企业所得税以外，重组过程还会涉及增值税、城市维护建设税、土地增值税、契税、印花税、个人所得税等税种。在重组业务中，对这些税种国家也规定了一些税收优惠政策。

10.2.1　企业重组中增值税的处理

企业的资产发生产权转移、变更时，均需要缴纳增值税。但如果是通过合并、分立、出售、置换等方式，将全部或者部分实物资产以及与其相关联的债权、负债和劳动力一并转让给其他单位和个人，其中涉及的货物、不动产、土地使用权等资产的转让行为，则不征收增值税。

不同的重组方式下或者同一种重组方式不同的模式下，增值税征免税情况均有所不同，具体规定详见表 10-10。

表 10-10　企业重组增值税征免税情况及适用的情形

序号	重组方式		情形	征免税情况
1	企业合并 企业分立		与实物资产、不动产、土地使用权等相关的债权、负债和劳动力一并转让给其他单位和个人	不征税
			未一同转让的，或不属于上述列举范围内的应征增值税的资产	征税
2	股权收购		不属于增值税的征收范围	不征税
3	资产收购		与实物资产、不动产、土地使用权等相关的债权、负债和劳动力一并转让给其他单位和个人	不征税
			未一同转让的，或不属于上述列举范围内的应征增值税的资产	征税
4	债务重组	以非货币性资产偿还债务	债务人以实物资产、不动产、土地使用权等非货币性资产清偿债务，相关的债权、负债和劳动力一并转让的	不征税
		将债权转为股权	不属于增值税的征收范围	不征税

【案例】

在 10.1.4 小节的案例中，东盛公司收购惠全电子公司的机械设备、厂房等实质经营性资产，连同与该批资产相关的 500 万元的债务与相关人员同时被收购，即与资产相关的债务转移到东盛公司，人员也由东盛公司承接，并由东盛公司与变更的员工重新签订了劳动合同。

在本次资产收购过程中，惠全电子公司转让资产不征收增值税，由惠全电子公司开具不征税增值税发票给东盛公司，东盛公司无须进行增值税申报。

案例中东盛公司不但收购了惠全电子公司的资产，并且收购了与资产相关的债务以及人员，这个行为属于不征收增值税行为，所以资产转让方惠全电子公司不需要缴纳增值税。

如果东盛公司只收购惠全电子公司的实质经营性资产，不收购与资产相关的债务及人员，就不满足增值税不征税条件，因此需要比照资产转让方式缴纳增值税。

10.2.2　企业重组中土地增值税的处理

相较于其他税种，重组业务中，只有涉及房产、土地使用权等资产的转移过户，资产转让方，也就是被重组企业，才需要计算缴纳土地增值税。自 2015 年以后，企业发生合并、分立以及投资等重组业务的，重组企业以及被重组企业中有一方是房地产企业，那么重组双方发生的房地产变更过户，均不享受土地增值税减免税政策，《关于继续实施企业改制重组有关土地增值税政策的公告》（财政部 税务总局公告 2021 年第 21 号）第五条规定：改制重组有关土地增值税政策不适用于房地产转移任意一方为房地产开发企业的情形。

【案例】

远大房地产公司于 2016 年 6 月初开始开发海韵花园项目，除了二十栋住宅外，该项目还包括开发一栋行政大楼。2017 年公司出现资金短缺问题。由于房地产行业受到银行贷款限制，远大房地产公司经金融人士指导，决定将已经建成的行政大楼分立，新设远海房产运营有限公司，并以远海房产运营有限公司的名义进行融资贷款。

由于被分立的行政大楼并不享受土地增值税的减免政策，因此该大楼在 2017 年 12 月 10 日，进行了土地增值税的汇算清缴。行政大楼建造成本 500 万元，评估价格为 1000 万元，增值率为 54%，适用 40% 的土地增值税税率，共缴纳土地增值税约 100 万元。（假设不考虑土地成本及土地价款抵减销售额的情况）

2019 年底，行政大楼分层全部出售，总售价为 2000 万元，远海房产运营有限公司共缴纳土地增值税约 230 万元。至此，远大房地产公司及远海房产运营有限公司为此大楼一共缴纳了约 330 万元的土地增值税。

如果远大房地产公司没有将行政大楼分立出去再销售，而是直接销售，那么据行政大楼的销售收入 2000 万元、成本 500 万元计算，其增值率为 174%，适用的土地增值税税率为 50%，需要缴纳土地增值税 480 万元，相较于分立后再销售方式多缴纳土地增值税约 150 万元。案例中远大房地产公司在公司分立过程中虽然不能享受土地增值税税收优惠政策，但是通过先分立再销售的方式，使得两次适用的土地增值税税率都处于较低水平，从而合理减少应纳税款。

在办理不动产的更名手续时，各地方执行方式不太一样，主要分成以下几种情况。

（1）对于符合免税条件的土地增值税重组业务，无须税务机关出具不征税证明。

（2）对于符合免税条件的土地增值税重组业务，必须由主管税务机关出具不征税证明。这种情况下，协调难度较大。有些不动产登记中心与各级主管税务机关未能建立直接对话机制，造成税务机关认为不用开，但是不动产登记中心凭不征税证明办理的情况。

（3）不符合免税条件的土地增值税重组业务，需要缴纳土地增值税并取得税务机关出具的完税证明，才能办理不动产过户。

（4）不符合免税条件的土地增值税重组业务，需要自行申报缴纳土地增值税，但取得的完税证明不是办理不动产过户的必要手续。

重组项目组需要提前了解当地主管税务机关以及不动产登记中心的相关手续要求，在设计方案以及制定执行计划时均做好准备。

10.2.3　企业重组中契税的处理

企业重组过程，有时会涉及不动产的转移，重组企业也就是重组资产的接收方，在不动产变更过户的过程中，需要缴纳契税。如果重组过程符合契税免税条件，则可以申请契税减免。

1. 重组企业契税征免情况

不同的重组方式下或者同一种重组方式不同的模式下，契税征免税情况均有所不同，具体规定如表 10-11 所示。

表 10-11　重组企业契税征免税情况及适用的情形

序号	重组方式	支付方式	情形	征免税情况
1	企业合并	—	被合并企业的不动产合并至合并企业	免征
2	企业分立	—	被分立企业的不动产分立到分立企业	免征

序号	重组方式	支付方式	情形	征免税情况
3	股权收购	不动产支付	以不动产支付的股权收购，股权收购前后均为全资控股	免税
			以不动产支付的股权收购，股权收购前后均为非全资控股	征收
		其他支付	以其他支付的股权收购不涉及不动产的转移	不征收
4	不动产收购	同一投资主体内资产划转	包括母公司与其全资子公司之间，同一公司所属全资子公司之间，同一自然人与其设立的个人独资企业、一人有限公司之间土地使用权、房屋权属的划转	免征
		不动产支付	土地使用权交换、房屋交换	按换房的价格差额征收
		其他支付	除上述方式外的其他不动产收购	征收
5	债务重组	债转股	经国务院批准实施债权转股权的企业，对债权转股权后新设立企业承受原企业的土地使用权、房屋权属	免征
		其他方式	除上述方式以外的其他债务重组方式	征收
6	其他重组方式	企业改制	原企业投资主体存续并在改制（变更）后的企业中所持股权（股份）比例超过75%，且改制（变更）后企业承继原企业权利、义务的	免征
			事业单位改制方式中，原投资主体存续并在改制后企业中出资（股权、股份）比例超过50%的，对改制后企业承受原事业单位土地使用权、房屋权属	免征

2. 契税征免税手续办理

在我国，绝大部分地区政府要求纳税人在办理不动产过户手续时需提交契税的完税证明，所以契税征免税手续是涉及不动产过户的重组业务必需的手续。

在进行契税申报前，企业需要向税务机关出具与企业重组相关的资料，并且与主管税务机关就该重组行为是否可以免征契税进行沟通。如果不符合免税条件，则需要按照转让资产的成交价格申报缴纳契税；如果符合免税条件，则可以填写相应的减免性质代码，系统自动计算减免税额。

10.2.4　企业重组中印花税的处理

不同的重组方式下，重组各方印花税征免税情况不同，如表 10-12 所示。

表 10-12　重组企业印花税征免税情况及适用的情形

序号	重组方式	情形	纳税义务人	税目	是否征收
1	企业合并	吸收合并 新设合并	重组各方	营业账簿	原已贴花的可不再贴花
2	企业分立	新设分立 存续分立	重组各方		
3	股权收购	股权收购	被收购方 收购方	产权转移书据	征收
4	资产收购	产权类资产收购	被收购方 收购方	产权转移书据	征收
		存货等流动性实物资产收购		买卖合同	征收
5	不同支付方式下的股权或资产收购	以不动产、专利使用权等产权资产支付	被收购方 收购方	产权转移书据	征收
		以存货等流动性实物资产支付		买卖合同	征收
		以自有股权支付	被收购方	营业账簿	新增部分缴纳
		以控股股权支付	被收购方 收购方	产权转移书据	征收
6	债务重组	债权转为股权	债务人	营业账簿	新增部分缴纳
		以控股股权清偿债务	债务人 债权人	产权转移书据	征收
		以不动产、专利使用权等产权资产清偿债务	债务人 债权人	产权转移书据	征收
		以存货清偿债务	债务人 债权人	买卖合同	征收

【案例】

2021 年 10 月 8 日，盛达公司与华利公司签订了资产收购协议，由盛达公司以现金收购华利公司的厂房、机器设备等资产，评估师事务所出具的资产评估报告显示，厂房评估价值4000万元，机器设备评估价值1000万元。

2021年10月20日，双方到税务大厅，各自缴纳了资产收购过程中产生的税金。其中，印花税的计税依据分别为资产收购协议中约定的4000万元和1000万元，双方各自缴纳了2万元的产权转移书据印花税和0.3万元的买卖合同印花税。（产权转移书据印花税税率为万分之五，买卖合同印花税税率为万分之三）

案例中盛达公司以现金收购了华利公司的资产。两家公司应针对厂房和机器设备的产权转移，分别缴纳产权转移书据印花税和买卖合同印花税。

如果盛达公司以控股股权作为支付对价收购华利公司资产，对于盛达公司的控股子公司来说，股东由盛达公司变为华利公司。盛达公司和华利公司除了缴纳产权转移书据印花税和买卖合同印花税外，还需要缴纳股权转让书据印花税，据控股公司股权评估价值5000万元，双方应分别缴纳2.5万元产权转移书据印花税。

第

11

章

重组中的财务核算与管控

企业重组业务中，财务人员的参与是必不可少的。财务人员的一项重要工作就是通过正确的账务处理，及时、准确地将重组过程以及成果核算出来，并在财务报告中披露重组业务的整个完成情况及对财务报表的影响。

在企业合并或股权收购的业务中，还会涉及被重组企业的会计核算规则如何与重组方做到统一，如何衔接好各企业的财务管控流程及规则，这些都是财务人员重点要解决的事项。

11.1　重组后的财务体系整合与财务档案管理

企业合并和股东收购、债转股等重组的各方企业，使用的会计核算规则、管理规则各有不同。在重组完成后，合并为同一企业或者成为投资控制关系的各企业，应使用统一的会计核算规则，财务管理体系将趋于一致。

11.1.1　重组后的财务体系整合

企业合并、股权收购等重组业务的顺利完成，依赖于企业内部多部门的配合，其中财务部门的工作贯穿重组的全过程。重组完成后，能否快速实现重组的商业意图，取决于企业各方面资源能否快速有效地整合，其中财务体系的整合起着重要的作用。

具体的财务体系整合包括：财务战略整合、财务组织结构整合及人员整合、财务核算制度整合、财务管理制度整合等。

1. 财务战略整合

重组完成后，要进行企业战略整合，财务战略整合是企业战略整合中重要的一项业务。财务战略整合可以理解为财务目标的统一，是后续组织结构及人员整合、财务核算制度整合的指导，也是衡量企业日后发生的财务决策是否准确的依据。

2. 财务组织结构及人员整合

要实现财务战略整合，企业必须具备适合自身的财务组织结构体系，重组后应根据企业的实际情况，设置不同的岗位及制定合理的岗位职责，要尽快确定人员分工及权限，应明确其职权、责任和具体的任务，确保部门之间、人员之间职责清晰。重组后需要对各板块财务负责人重新选拔，对财务部门的其他人员根据工作需要重新进行分配。

3. 财务核算制度整合

重组后，为了提高企业财务工作效率，需要制定统一的财务核算体系，包括会计政策、会计估计、会计账户设置、会计凭证管理等各方面的统一，以便提高重组后企业的财务管理效率，反映真实的财务数据。

4. 财务管理制度整合

重组前，重组各方的发展战略不同，因此财务管理制度与流程也各不相同。重组后，为了共同的发展战略，需要进行财务管理制度和流程的整合，具体包括资金管理制度、成本管理制度、利润管理制度、账务管理制度等，通过财务管理制度整合，规范员工的行为、节省成本、减少浪费。

11.1.2　重组后财务档案的整理

在重组完成后，重组各方财务部相关人员应收集和整理所有与重组相关的财务资料，财务负责人复核后，分类整理、记录、归档、保管。

重组涉及的财务档案资料包括：重组协议、股东会决议、尽职调查报告、财务报表、资产评估报告、减免税证明、完税凭证以及与重组相关的各种原始凭证等。

如果在重组过程中，一方企业解散，那么解散企业与重组相关的财务档案应由存续的一方保管，具体的档案保管情况见表 11-1。

表 11-1　档案保管情况

序号	重组方式		档案保管
1	企业合并	吸收合并	被吸收方的财务档案由吸收方保管
		新设合并	所有被吸收方的财务档案由新设的合并方保管
2	企业分立	存续分立	存续的被分立企业保管所有原财务档案，分立企业新建账套
		新设分立	所有分立企业新建账套。被分立企业注销后，可由控股股东，或者其中一个新设分立企业保管所有原财务档案
3	股权收购		股权收购后，被收购股权的企业仍保持原法人主体地位，所以无须新建账套，原有档案仍由原企业继续保管
4	资产收购		资产的转移不涉及账套转移
5	债务重组		债务重组不涉及账套转移，包括债转股业务，原债务人的法律主体与会计主体均不会变更，所以账套无须移交

11.2 重组业务相关的账务处理

随着重组业务的推进到最终完成，财务人员需要及时获取原始凭证，通过正确的账务处理如实地将重组业务记录下来，并在财务报告中披露重组业务的整个完成情况及对财务报表的影响。

企业因使用会计准则的不同，对资产账面价值的确认不同，也会形成不同的账务处理。本节所讲的账务处理均以《企业会计准则》为依据，主要参考了《企业会计准则第 7 号——非货币性资产交换》《企业会计准则第 20 号——企业合并》《企业会计准则第 12 号——债务重组》《企业会计准则第 2 号——长期股权投资》等具体准则。

11.2.1 企业合并的账务处理

企业合并时主要有三类主体需要进行相关的账务处理：合并企业、被合并企业、合并企业和被合并企业的法人股东。

1. 合并企业

（1）如果是同一控制下的企业合并，合并企业取得的被合并企业的资产、负债及所有者权益按照被合并企业的账面价值进行确认。如果合并前合并双方会计政策不一致，还需要按照合并企业的会计政策对账面价值进行调整，然后以调整后的账面价值进行账务处理。

（2）如果是非同一控制下的企业合并，合并企业相当于购买方，取得的被合并企业的资产、负债应该按公允价值进行确认。如果合并对价大于取得被购买方可辨认净资产公允价值，差额应确认为商誉，如果合并对价小于取得被购买方可辨认净资产公允价值，差额应确认为当期损益。

2. 被合并企业

（1）如果是同一控制下的企业合并，被合并企业按照减少的资产、负债的原账面价值进行相应的账务处理。

（2）如果是非同一控制下的企业合并，被合并企业按照减少的资产、负债的公允价值与账面价值的差额确认处置收益。

3. 合并企业和被合并企业的法人股东

被合并企业股东减少对被合并企业的投资，同时增加对合并企业的投资。如果是同一控制下的企业合并，并且符合特殊性税务处理条件，则合并企业与被合并企业的股东均无须确认投资收益。其他情况下被合并方的股东还需要确认投资收益。

【案例】

在本书 10.1.1 小节的案例中，长隆公司吸收合并远遥公司，双方选定 2021 年 5 月 31 日作为合并基准日，并制作了合并清单，具体数据如表 11-2 所示。

表 11-2 远遥公司合并清单

单位：万元

序号	项目明细	账面价值
1	银行存款	100
2	应收账款	200
3	固定资产原值	600
4	累计折旧	100
5	应付账款——×××公司	150
6	其他应付款——××公司	250
7	实收资本——兴华公司	300
8	未分配利润	100

不考虑相关税费，合并各方账务处理如下。

（1）长隆公司接收资产、负债，并增加注册资本，需要做如下会计处理。

借：银行存款　　　　　1 000 000

　　应收账款　　　　　2 000 000

　　固定资产　　　　　6 000 000

　　　贷：累计折旧　　　　　　　　1 000 000

　　　　　应付账款——×××公司　1 500 000

　　　　　其他应付款——××公司　2 500 000

　　　　　实收资本——兴华公司　　3 000 000

　　　　　未分配利润　　　　　　　1 000 000

（2）远遥公司减少相应的资产、负债、所有者权益，需要做如下会计处理。

借：累计折旧　　　　　　　　1 000 000

　　应付账款——×××公司　1 500 000

　　其他应付款——××公司　2 500 000

     实收资本——兴华公司   3 000 000

     未分配利润   1 000 000

      贷：银行存款   1 000 000

          应收账款   2 000 000

          固定资产   6 000 000

（3）股东兴华公司需要做如下会计处理。

  借：长期股权投资——长隆公司 3 000 000

     贷：长期股权投资——远遥公司   3 000 000

    案例中长隆公司吸收合并远遥公司，属于同一控制下的吸收合并，并且符合特殊性税务处理条件。长隆公司接收新增资产、负债及所有者权益，按照账面价值进行账务处理。股东兴华公司减少对远遥公司的投资，同时增加对长隆公司的投资，并做相应的账务处理。

    如果本次吸收合并不符合特殊性税务处理条件，远遥公司和长隆公司仍然按照资产、负债及所有者权益的账面价值做账务处理，而股东兴华公司则需要对长隆公司吸收合并的资产的公允价值超过账面价值的部分，视同利润分配处理，根据远遥公司清算所得确认投资收益。

11.2.2　企业分立的账务处理

    企业分立的过程也就是资产、负债及所有者权益分割的过程，企业分立时主要有三类主体需要进行相关的账务处理：被分立企业、分立企业、分立企业和被分立企业的法人股东。

1. 被分立企业

    被分立企业与分立企业的股东以及股东持股比例未发生变化，且符合增值税、企业所得税等各税种的减免税政策，被分立企业按照分出资产、负债的原账面价值进行减少的账务处理，无须计提税金以及确认资产转移的收益或损失。

    如果不符合上述条件，被分立企业则需要按照分出资产、负债的公允价值进行减少的账务处理，需要根据应缴纳的税金计提税金，以及对资产转移的收益或损失进行相关的账务处理。

2. 分立企业

    分立企业与被分立企业的股东以及股东持股比例未发生变化，且符合增值税、企业所得税等各税种的减免税政策，分立企业分得的资产、负债按照原账面价值确认计量。

符合上述情况外的其他情况，分立企业分得的资产、负债按照公允价值确认计量。

3. 分立企业和被分立企业的法人股东

分立企业与被分立企业的股东以及股东持股比例未发生变化，且符合特殊性税务处理条件，即被分立企业股东减少对被分立企业的投资，同时增加对分立企业的投资，无须确认投资收益。其他情况下股东需要确认投资收益。

【案例】

在本书 10.1.2 小节的案例中，新兴公司采用存续分立方式，分为新兴公司和新盛公司，新兴公司以 2020 年 12 月 31 日作为分立基准日，制作了分立清单，具体数据如表 11-3 所示。

表 11-3　新兴公司分立清单

单位：万元

序号	分割项目明细	账面价值
1	固定资产原值	600
2	累计折旧	300
3	其他应付款——××公司	100
4	实收资本——华宇公司	120
5	实收资本——智胜公司	80

不考虑相关税费，分立各方账务处理如下。

（1）新兴公司分割资产、负债，并减少注册资本，需要做如下会计处理。

借：实收资本——华宇公司　　　1 200 000

　　　　　　——智胜公司　　　　800 000

　　累计折旧　　　　　　　　　3 000 000

　　其他应付款——××公司　　1 000 000

　　贷：固定资产　　　　　　　　　6 000 000

（2）新盛公司接收被剥离的资产、负债等，并增加注册资本，需要做如下会计处理。

借：固定资产　　　　　　　　　6 000 000

　　　贷：实收资本——华宇公司　　　 1 200 000

　　　　　　　——智胜公司　　　　　 800 000

　　　　其他应付款——××公司　　 1 000 000

　　　　累计折旧　　　　　　　　　 3 000 000

（3）股东华宇公司需要做如下会计处理。

借：长期股权投资——新盛公司　1 200 000

　　　贷：长期股权投资——新兴公司　1 200 000

（4）股东智胜公司需要做如下会计处理。

借：长期股权投资——新盛公司　800 000

　　　贷：长期股权投资——新兴公司　800 000

案例中新兴公司符合特殊性税务处理条件，新兴公司按照减少的资产、负债以及所有者权益的账面价值做相应的账务处理。新盛公司按照新增资产、负债及所有者权益进行账务处理，股东华宇公司和智胜公司分别按照各自原有的持股比例，减少对新兴公司的投资，同时增加对新盛公司的投资。

如果本次分立不符合特殊性税务处理条件，新兴公司和新盛公司仍然按照资产、负债及所有者权益的账面价值做账务处理，而股东华宇公司和智胜公司则需要对分立资产公允价值超过账面价值的部分，按照各自的持股比例，视同利润分配处理，并确认投资收益。

11.2.3　股权收购的账务处理

股权收购时主要有三类主体需要进行相关的账务处理：股权收购方、股权转让方、目标公司。

1. 股权收购方

（1）企业合并方式下的股权收购。

如果收购方取得目标公司的股权，能够对被收购企业实施控制，该股权收购属于控股收购，在会计核算中被认定是一种合并行为，应按照《企业会计准则第20号——企业合并》相关规定进行账务处理，需要区分同一控制下的企业合并和非同一控制下的企业合并。

①同一控制下的企业合并。

如果合并方（收购方）和被合并方（目标公司）在合并前后均受同一方或相同的多方最终控制，则属于同一控制下的企业合并。合并方在企业合并中取得的被合并方股权的初始入账价值，应当按照合并日被合并方净资产账面价值的份额进行初始计量。

合并方取得的净资产账面价值的份额与支付的合并对价账面价值（或发行股份面值总额）的差额，应当调整资本公积；资本公积不足冲减的，调整留存收益。

②非同一控制下的企业合并。

合并方取得的股权的入账价值，应当按照合并日合并方作为对价付出的资产（股权）的公允价值计量，资产（股权）的公允价值与其账面价值的差额，计入当期损益。

（2）非企业合并方式下的股权支付。

如果收购方取得目标公司的股权，支付的对价为收购方自身股权或控股公司股权，但是不能够对目标公司实施控制，或者取得的对价为收购方的存货、固定资产及其他非货币性资产，那么收购方取得的股权的初始投资成本应按照《企业会计准则第7号——非货币性资产交换》准则来确定，即按照转让资产（股权）的公允价值为基础确定。

注：收购方以换出资产（股权）的公允价值为基础确定换入股权的价值，需要同时满足该非货币性资产交换行为具有商业实质、换入资产或者换出资产的公允价值能够可靠计量两个条件，否则需要以账面价值为基础进行确认。

上述两种方式下，收购方均按照转让的股权或者其他非货币性资产的账面价值做减少处理，转让的股权或者其他非货币性资产的公允价值与账面价值之间的差额确认为当期损益。

2. 股权转让方

如果转让方转让股权，取得的对价为收购方自身股权或控股公司股权，但是不能够对收购方或收购方的控股公司实施控制，或者取得的对价为收购方的存货、固定资产及其他非货币性资产，那么取得资产（股权）的价值按照《企业会计准则第7号——非货币性资产交换》准则来确定，即以转让股权的公允价值为基础确定换入资产（股权）的成本。

注：转让方以换出股权的公允价值为基础确定换入资产（股权）的价值，也需要同时满足该非货币性资产交换行为具有商业实质、换入资产或者换出资产的公允价值能够可靠计量两个条件，否则需要以账面价值为基础进行确认。

上述两种股权收购方式下，转让方均按照转让股权的账面价值做减少处理，转让股权的公允价值与账面价值之间的差额确认为投资损益。

3. 目标公司

目标公司按照股权的账面价值做股东变更的账务处理。

【案例】

在本书 10.1.3 小节的案例中，衣尚服装公司以银行存款 2000 万元收购春竹公司持有的春雨公司全部股权。股权收购后，春雨公司股东变成衣尚服装公司。股权收购前后股权架构如图 11-1 所示。

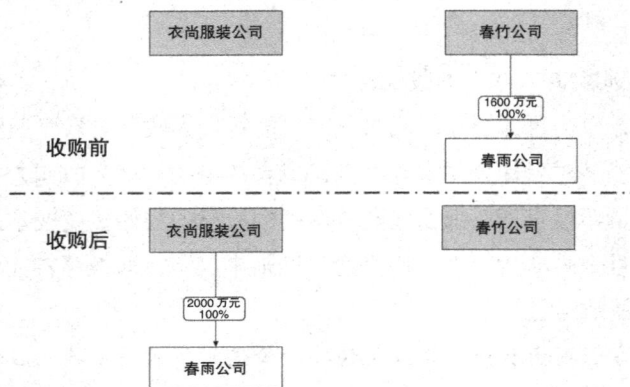

图 11-1　股权收购前后股权架构

春竹公司持有春雨公司股权原有计税基础为 1600 万元，取得衣尚服装公司支付的对价 2000 万元，对于春竹公司来说，应该确认 400 万元的股权转让所得。

收购各方账务处理如下。

（1）春竹公司账务处理。

借：银行存款　　　　　　　　　　　20 000 000

　　贷：长期股权投资——春雨公司　16 000 000

　　　　投资收益　　　　　　　　　4 000 000

（2）收购企业衣尚服装公司账务处理。

借：长期股权投资——春雨公司　　　20 000 000

　　贷：银行存款　　　　　　　　　20 000 000

（3）春雨公司账务处理。

借：实收资本——春竹公司　　　　　16 000 000

　　贷：实收资本——衣尚服装公司　16 000 000

案例中，春竹公司放弃春雨公司的股权，按照股权原账面价值减少对春雨公司的投资，并按照收到的银行存款与股权原账面价值之间的差额确认投资收益。衣尚服装公司收购春雨公司股权，以银行存款作为支付对价，属于以非股权支付方式取得股权，即按照支付的银行存款金额进行账务处理。

11.2.4　资产收购的账务处理

资产收购时主要有两类主体需要进行相关的账务处理：资产转让方和资产收购方。

1. 资产转让方

（1）如果转让方转让资产，取得的对价为收购方的存货、固定资产及其他非货币性资产，那么取得资产（股权）的价值按照《企业会计准则第 7 号——非货币性资产交换》准则来确定。

取得资产的公允价值 = 换入资产的成本 + 相关税金

（2）如果转让方转让资产，取得的对价为收购方自身股权或控股公司股权，并且能够对收购方或收购方的控股公司实施控制，则该资产收购属于控股收购，在会计核算中被认定是一种合并行为，应按照《企业会计准则第 20 号——企业合并》相关规定进行账务处理，需要区分同一控制下的企业合并和非同一控制下的企业合并。

同一控制下的企业合并和非同一控制下的企业合并对取得股权的初始投资成本的确认同 11.2.3 小节中股权收购方的相关规定。

（3）如果转让方转让资产，取得的对价为收购方自身股权或控股公司股权，但是不能够对收购方或收购方的控股公司实施控制。

取得资产的公允价值 = 换入股权的成本 + 相关税金

注：转让方以转让资产的公允价值为基础确定换入资产（股权）的价值的条件同 11.2.3 小节中股权转让方的相关规定。

上述三种方式下，资产转让方均按照转让资产的账面价值做减少处理，按照转让资产的公允价值与账面价值之间的差额确认当期损益。

2. 资产收购方

资产收购方取得存货、固定资产及其他非货币性资产，取得资产的价值按照《企业会计准则第 7 号——非货币性资产交换》准则来确定，即以转让资产的公允价值为基础确定换入资产（股权）的成本。

注：收购方以转让资产（股权）的公允价值为基础确定换入资产的价值的条件见 11.2.3 小节。

收购方按照转让的股权或者其他非货币性资产的账面价值做减少处理，转让股权或者其他非货币性资产的公允价值与账面价值之间的差额确认当期损益。

【案例】

在本书 10.1.4 小节的案例中，东盛公司以其持有的新胜公司股权（评估价值 5000 万元，账面价值 4500 万元）作为对价，收购同行业企业惠全电子公司机械设备、厂房等实质经营性资产，收购后惠全电子公司对新胜公司持股比例为 60%。经双方磋商，作为支付对价的股权与资产互不找差价，但与该批资产相关的工作人员以及欠付 ×× 公司 500 万元的债务同时转移给东盛公司。

惠全电子公司转让资产明细如表 11-4 所示。

表 11-4　转让资产明细

单位：万元

项目	原值	累计折旧	计税基础	公允价值
机械设备	1000	200	800	1500
厂房	3000	800	2200	4000
合计	4000	1000	3000	5500

在本次资产收购过程中，由于东盛公司收购惠全电子公司的实质经营性资产，连同收购与收购资产相关的人员、负债等，满足增值税不征税条件，因此惠全电子公司不需要缴纳增值税。

不考虑其他相关税费，收购各方账务处理如下。

（1）转让方惠全电子公司账务处理。

借：固定资产清理——厂房　　　　22 000 000
　　　　　　　　　——机械设备　　8 000 000
　　累计折旧——厂房　　　　　　　8 000 000
　　　　　　——机械设备　　　　　2 000 000
　　贷：固定资产——厂房　　　　　　30 000 000
　　　　　　　　　——机械设备　　　10 000 000

借：长期股权投资——新胜公司　　　50 000 000
　　其他应付款——××公司　　　　　5 000 000
　　　贷：固定资产清理——厂房　　　　　22 000 000
　　　　　　　　　　　　——机械设备　　　8 000 000
　　　　　资产处置损益　　　　　　　　25 000 000

（2）收购方东盛公司账务处理。

借：固定资产——厂房　　　　　　　40 000 000
　　　　　　——机械设备　　　　　15 000 000
　　　贷：其他应付款——××公司　　　　　5 000 000
　　　　　长期股权投资——新胜公司　　　45 000 000
　　　　　投资收益　　　　　　　　　　　5 000 000

案例中东盛公司收购惠全电子公司实质经营性资产，以持有的新胜公司股权作为对价进行支付，收购后惠全电子公司对新胜公司持股比例为 60%，可以对其实施控制，因此属于以非同一控制下的企业合并方式取得了新胜公司股权，惠全电子公司取得的股权的初始投资成本按东盛公司股权公允价值确定。东盛公司取得厂房、机械设备，按照其公允价值进行确认。

11.2.5　债务重组的账务处理

债务重组时主要有两类主体需要进行相关的账务处理：债务人和债权人。

1. 债务人

（1）如果是债务人以资产（包括金融资产和非金融资产）清偿债务，那么债务人将债务的账面价值与清偿债务资产的账面价值之间的差额计入当期损益。如果以金融资产清偿，则差额计入投资收益；如果以非金融资产清偿，则计入其他收益。

（2）如果将债权转为股权，债务人初始确认投资时，应当按照自身股权的公允价值计量，股权的公允价值不能可靠计量的，应当按照所清偿债务的公允价值计量。所清偿债务账面价值与股权确认金额之间的差额，计入投资收益。

2. 债权人

（1）如果债务人以资产（包括金融资产和非金融资产）清偿债务，那么债权人受让资产，应区分金融资产和非金融资产分别进行相应的账务处理。

①债权人受让金融资产，应当按照取得金融资产的公允价值进行账务处理，金融资产确认金额与债权终止确认账面价值之间的差额，计入投资收益。

②债权人受让非金融资产，应当按照放弃债权的公允价值加上相关的税费进行账务处理，债权人放弃债权的公允价值与账面价值之间的差额，计入投资收益。

（2）如果将债权转为股权，债权人通常应当比照受让金融资产进行债务重组的规定进行处理，即：债权人受让金融资产，按照取得金融资产的公允价值进行账务处理。金融资产确认金额与债权终止确认时账面价值之间的差额，计入投资收益。

如果债权人取得债务人的股权，能够对债务人实施控制，并且债权人和债务人受同一企业最终控制，在会计核算中被认定是一种合并行为，应按照《企业会计准则第 20 号——企业合并》相关规定进行账务处理，需要区分同一控制下的企业合并和非同一控制下的企业合并。

同一控制下的企业合并和非同一控制下的企业合并对取得股权的初始投资成本的确认见 11.2.3 小节的相关规定。

【案例】

2019 年 12 月 1 日，新欣公司向家源公司购买一批机械设备，价值为 1000 万元。交易双方约定，新欣公司在收到货物 6 个月之内支付货款。2020 年 6 月 1 日，新欣公司资金周转困难，无法按期支付货款。

经协商，2020 年 6 月 1 日，新欣公司和家源公司达成如下债务重组协议：家源公司以应收账款 800 万元（经评估机构评估后的公允价值）转为对新欣公司的股权投资，取得新欣公司的股权，持股比例 20%，同时豁免新欣公司 200 万元的债务；2020 年 6 月 20 日，新欣公司办理完股权变更手续。

（1）债务人新欣公司账务处理如下。

借：应付账款——家源公司　　　　10 000 000

　　贷：实收资本——家源公司　　　　　8 000 000

　　　　投资收益　　　　　　　　　　　2 000 000

（2）债权人家源公司账务处理如下。

借：长期股权投资——新欣公司　　8 000 000

　　投资收益　　　　　　　　　　2 000 000

　　贷：应收账款——新欣公司　　　　10 000 000

案例中新欣公司和家源公司达成债务重组协议，将债权转为股权，债务重组后，家源公司成为新欣公司的股东。双方按照债务转为权益工具方式进行账务处理。债务人新欣公司按照所清偿债务的公允价值确认权益工具，权益工具与需清偿债务之间的差额确认为投资收益。

债权人家源公司按照取得股权的公允价值进行账务处理，股权公允价值与债权终止确认时账面价值之间的差额，计入投资收益。

第 12 章

重组中的难点解析

企业重组实践过程中，存在着各种不同的政策解读以及观点。本章将重点介绍在实际业务中发生的一些常见问题，以及重组项目组的应对措施。通过分析这些实操过程中的问题解决方法，总结企业重组的难点解决之道与在政策应用过程中的主流观点。

企业重组的难点主要集中在三个方面：企业重组过程中的难点、资产重组过程中的难点以及重组中对法财税政策的理解与运用。

12.1　重组过程中的难点解析

企业在重组过程中经常会遇到一些特殊问题，如企业取得的资质、特许权等是否能随同被分立企业转移至新的企业，分立至新企业的人员的劳动关系是否能延续之前企业的合同期等。这些具体问题在重组实践中发生时，如果处理不好，不但会影响重组工作的推进，甚至会导致重组工作的中止。

12.1.1　资质是否能随企业重组一并转移

企业在开展生产经营活动过程中，除了要有营业执照外，还会申请获得政府、协会或企业授发的资质、特许权等。

1. 政府颁发的经营资质

比如建筑企业拥有的一级建筑企业资质证书、房地产企业拥有的二级房地产开发资质、劳务企业拥有的劳务派遣资格证书、人力资源企业拥有的人力资源服务许可证书等。

2. 政府或者协会颁发的经营许可证

法律规定某些行业的经营必须经过许可，并由主管部门或有关协会颁发许可经营证明，如烟草专卖许可证、药品经营许可证、危险化学品经营许可证、食品经营许可证等。

3. 企业签约的特许权

一些企业在经营过程中，因为其诚实守信、具备一定规模，而获得其他企业授予的独家代理资格，如拥有某国际企业在中国的独家代理权、拥有某知名厂商在某地区的指定品牌经销权等。

在分立和合并重组业务中，拥有某些资质的企业，拟将资质随同资产分立或合并至另外一个企业，那么这些资质是否能够完成转移呢？

在实际操作中，绝大部分资质、特许权都是企业在具备一定条件下申请获得的。企业一旦离开了特有的环境和条件，所拥有的资质和特许权就不能够继续发挥作用。所以大多数资质与特许权都是企业的附属，离开企业也就失去了价值。而新企业也只能根据拥有的条件，重新到相关部门或企业申请。

如《劳务派遣行政许可实施办法》第十七条规定，劳务派遣单位分立、合并后继续存续，其名称、住所、法定代表人或者注册资本等改变的，应当按照本办法第十六条规定执行。劳务派遣单位分立、合并后设立新公司的，应当按照本办法重新申请劳务派遣行政许可。

在符合分立与合并的重组条件下，颁发资质、资格与权力的机构或企业在给予重组企业变更手续的办理，或者在新公司重新申请时，给予条件放宽等优惠政策。

12.1.2 重组过程中如何实现业务平稳过渡

公司分立、合并的重组过程中，随资产一同转移的还包括与资产相关的人员、业务等。业务涉及各种利益关系的维系、公司平稳过渡以及公司未来的发展，因此业务是否能平衡转移是分立以及合并是否成功的重要标志。

重组项目组在制定初步方案后，有关业务的转移要特别注意以下几方面的工作。

1. 做好销售与采购人员的思想工作

与客户和供应商的合同变更、付款账户变更、供货地址变更等各方面的沟通均需要依靠销售人员与采购人员，所以做好销售人员与采购人员的思想工作非常重要。

公司不但要单独开会向销售人员与采购人员宣传重组目的，统一思想，而且要定期将重组进度通知到位，防止不良信息在公司内部传播，防止以讹传讹，造成客户与供应商的不信任。

2. 明确对员工薪酬绩效、福利假期等的影响

公司分立与合并都是基于公司的战略发展方向而做出的重组决定，也会影响

到员工薪酬绩效、福利假期等。员工担心公司的相关政策变化影响到自身的发展和待遇也在情理之中。及时向员工宣传重组对员工薪酬绩效、福利假期等的有利影响，有助于重组业务的推进。

一些公司在重组过程中同时进行员工数量优化，这种行为要谨慎采用。即使准备了足够的员工补偿金，也要对有可能导致的社会舆情做好应对措施。

3. 做好重要员工的思想沟通

如果员工不服从重组安排会影响重组进展，所以重组项目组需要识别关键员工，并提前做好关键员工的思想工作。

一些公司的工会组织作用明显，重组项目组需要提前与工会组织进行沟通。没有工会组织的，就要提前发现员工中比较有威信的人员。这些人不一定都是领导，但一定都是有影响力的人员。

12.1.3　分立前后的公司注册资本可以自行约定吗

【案例】

高山公司与高远公司都是山海公司旗下的全资子公司，高山公司注册资本为1000 万元，高远公司注册资本为 500 万元，两个公司均已全部出资到位。

2022 年初，出于集团整体利益考虑，股东山海公司作出决定，由高山公司吸收合并高远公司，高远公司的资产、负债、所有者权益及人员等全部转到高山公司，之后高远公司注销。

在制定合并方案时，重组项目组设计了三个合并方案。

方案 1，合并后存续的高山公司注册资本为 1000 万元不变，高远公司注销，原实收资本 500 万元并入高山公司的资本公积。

方案 2，合并后存续的高山公司注册资本为 1500 万元，高远公司将其实收资本并入高山公司后，办理注销登记。

方案 3，合并后存续的高山公司注册资本为 1800 万元，高远公司将所有者权益（共计 800 万元）并入高山公司的实收资本后，注销登记。

那么这三个方案是否符合法律法规的规定呢？

《关于做好公司合并分立登记支持企业兼并重组的意见》（工商企字〔2011〕226 号）规定。

因合并而存续或者新设的公司，其注册资本、实收资本数额由合并协议约定，但不得高于合并前各公司的注册资本之和、实收资本之和。合并各方之间存在投资关系的，计算合并前各公司的注册资本之和、实收资本之和时，应当扣除投资所对应的注册资本、实收资本数额。

根据该项规定，案例中方案 3 显然是不能被采纳的。所以重组项目组在设计方案时，需要律师团队的配合，确定所有的方案符合国家的法律的相关规定。

12.1.4　重组后劳动用工合同是否重签

在企业合并、企业分立、企业改制、破产重整等重组方式中，会涉及原企业注销或名称变更以及新企业设立的情况。这会导致员工的不稳定，因此在这类重组业务中，员工也较容易与企业之间产生劳动争议。

争议通常会围绕劳动合同是否需要重新签订而展开，那么原企业注销后，员工随同企业分立或合并至新企业，是否需要重新签订劳动合同呢？

其实劳动合同并不会因为用人单位变更名称、法定代表人、主要负责人或者投资人等事项而影响履行。而且用人单位发生分立或合并等情况，原劳动合同也继续有效，分立或合并后的企业需要对分立或合并前的企业承担连带责任，劳动合同也自然由承继其权利和义务的用人单位继续履行。

所以重组后的企业即使不与劳动者重新签订劳动合同，原劳动合同也是继续有效的。但由于一些员工不了解这些法律规定，所以重组项目组要及时发布相关信息，做好员工的安抚工作。

【案例】

精心化工有限公司（简称"精心公司"）与精细化工有限公司（简称"精细公司"）同为精精集团下属的两家企业。2017 年 5 月，集团公司对精心公司与精细公司合并重组，精心公司的资产和人员全部并入精细公司。

当月，全体职工参加精心公司召开的职工大会，公布的公司合并和职工安排方案中规定，职工的工作岗位、地点都不变。形成的会议决议体现出职工拥护该方案的内容。

两公司合并后，精心公司被注销了工商登记。因精心公司与其职工签订的劳动合同未到期，精细公司与原精心公司并入的职工未重新签订劳动合同，而是继续履行原精心公司与职工订立的劳动合同。

李亮亮自 1996 年 1 月到精心公司工作并与精心公司签订了无固定期限劳动合同。参加了职工大会的李亮亮，在会议决议上也签了字。

公司合并三个月后，李亮亮突然要求已经注销的精心公司支付其经济补偿150 995元，并且提出在精细公司工作的一年中，精细公司未与其签订劳动合同，故应支付未订立劳动合同的二倍工资差额13 500元，并申请了劳动仲裁。

最终仲裁委员会驳回申请人李亮亮的仲裁请求。

《中华人民共和国劳动合同法》第三十四条规定："用人单位发生合并或者分立等情况，原劳动合同继续有效，劳动合同由承继其权利和义务的用人单位继续履行。"

从国内已发生的多起由并购引发的劳资冲突事件可知，劳动者不一定希望与原用人单位延续劳动关系，部分劳动者的诉求系获得经济补偿。但《中华人民共和国劳动合同法》第三十四条确立的当然承继模式决定了劳动者仅能以预告解除的方式终止劳动关系，因此无权向用人单位主张经济补偿。

12.1.5　如何选择专业机构参与重组业务

是否采用重组解决问题，以及用何种重组方式解决问题是企业难以决策的事情。企业寻求专业机构的帮助是比较常见的做法。

能够辅导企业进行重组的机构类型比较多，各自有擅长的领域，具体见表12-1。

表12-1　专业机构服务内容一览

序号	机构名称	擅长内容
1	企业管理咨询机构	以经济发展为主旨，擅长制定重组方案，协调其他中介机构出具各类与重组相关的报告，擅长会议的组织以及重组方案的落地，协助办理各类备案审批手续
2	证券公司	以上市公司或拟上市公司为主要目标客群，在重组方面的功能与企业管理咨询机构相同，但相较于企业管理咨询机构对上市业务更为了解，且能够与证券管理机构直接对话
3	会计师事务所	擅长财务尽职调查、出具审计报告、进行财务分析预测
4	律师事务所	擅长法律事务尽职调查、出具法律意见书、撰写合同及各类与重组相关的法律文书
5	评估师事务所	擅长出具各类资产评估报告、进行估值分析
6	税务师事务所	擅长税务尽职调查、出具税务报告、进行税收筹划、协助办理减免税手续等

对于较为简单的重组业务，任何一个有重组经验的单一机构都能给予企业一定的指导。但企业管理咨询机构和证券公司的经验更为丰富，能够全方位解决与重组相关的问题，给予企业的帮助更大。对于较为复杂的重组业务，需要企业管理咨询机构与会计师事务所、律师事务所以及税务师事务所等多个专业机构共同参与。

由于聘请专业机构需要支付一定的费用，企业在尚不能确定重组是否会带来较高的利益时，也可以自行解决重组问题。但需要对重组难度做出评估。如果采用单一重组且交易主体单一、不影响股权变化、交易的资产不涉及有形资产、价格容易衡量，那么企业可以自行重组。

如果需要结合多种重组方式、重组过程较为复杂，没有重组经验的企业就应该聘请企业管理咨询机构等专业机构来共同完成重组业务。表 12-2 中列示了单一重组业务的难易判断标准，可以作为企业判断是否聘请专业机构的参考。如果结合多种重组方式，那无论是重组方案的制定阶段还是实施阶段都建议企业聘请专业机构。

表 12-2　重组难度参考

序号	重组方式		交易主体是否涉及股权比例变化		交易资产的公允价值是否容易确定		交易资产是否包括有形资产	
			涉及	不涉及	容易	不容易	包含	不包含
1	企业合并		难	易	易	难	难	易
2	企业分立		难	易	易	难	难	易
3	股权收购		易		易	难	难	易
4	资产收购		难	易	易	难	难	易
5	债务重组		难	易	易		易	
6	其他重组方式	非货币性资产投资	易		易	难	易	易
		资产划转	易		易		难	易
		企业法律形式改变	难	易	易	难	易	

如果确定需要聘请专业机构，一定要对该机构的重组经验进行了解。一般有经验的专业机构会有重组方法论以及经验的分享，对于极易出现问题的重组环节也都能举出失败与成功的案例。

12.1.6　被分立与被合并公司的银行账户可以直接更换户头吗

在分立业务中，分立至新公司的银行存款需要转移至新设公司中。需要注意的是，分立至新公司的银行账户不能直接更名为新公司的名称，而是在成立新公司后，需由财务人员在银行开设新公司的银行账户，并将分立至新公司的银行存款转至新账户，注销原有账户。

在合并业务中，涉及被合并公司的银行存款也需要并入合并公司，被合并公司的银行账户也不能直接更换成合并公司的银行户头。具体操作有两种方式。

（1）被合并的公司将款项转入合并公司的原有银行账户后，注销自身的银行账户。

（2）合并公司先在被合并公司开设账户的银行开设一个新账户，将被合并公司的银行账户的存款全部转入新账户内，再注销被合并公司的银行账户。

公司开设的银行账户按用途可分为四种类型，如表 12-3 所示。公司可以根据对银行账户的不同用途来决定开设何种银行账户。

表 12-3　银行账户四种类型

序号	账户类型	是否可提取现金	账户简介
1	基本存款账户	可提	每个公司只能开设一个此类账户，该账户可用于日常转账结算和现金收付，例如办理备用金、差旅费、工资等的现金提取、转账结算等
2	一般存款账户	不可提	公司可根据需要开设多个此类账户。在基本存款账户开户银行以外的银行营业机构开立的，主要用于借款或其他结算需要，可以办理现金缴存，不能办理现金支取
3	专用存款账户	不可提	该账户用于对特定用途资金进行专项管理和使用，可用于存储基本建设资金、更新改造资金、财政预算外资金等其他需要专项管理和使用的资金
4	临时存款账户	不可提	该账户是存款人因临时需要并在规定期限内使用而开立的，一般开立的原因有：设立临时机构、开展异地临时经营活动、注册验资。该账户的有效期不得超过2年

12.2 资产重组过程中的难点解析

资产重组业务中会涉及各类资产的转移，需要办理有证资产的过户手续，办理无证类资产的移交和接收手续。在资产重组的过程中常遇到的难点问题，本节将重点解析。

12.2.1 重组资产处于抵押状态是否影响过户手续的办理

处于抵押状态的资产不能办理变更过户手续，所以一旦重组的资产正处于抵押状态，首先要确定抵押的债务是否存在到期无法偿还的可能性。如果重组不利于债务的清偿，则重组不会顺利进行，需要清偿债务后才能重新考虑重组方案的实施。

如果重组有利于债务的清偿，那就不会影响重组方案的实施。重组项目组可以在债务人配合的情况下，协调相关部门办理临时解除抵押，办理好过户后再重新抵押。例如，办理房产解押的流程如下：

①打电话给贷款银行咨询提前还款事项，包括是否需要交违约金、违约金具体金额等；

②去贷款银行申请提前还款；

③在约定时间之前打款（需要注意的是约定时间不能是还款日的前后三天）；

④还完款次日到贷款银行办理结清手续，打印利息清单；

⑤到银行贷后管理中心取解押材料；

⑥到担保公司办理相关手续（若为商业贷款不需要去，办理公积金贷款时没签担保协议的也不用去）；

⑦到不动产登记中心解押。

注意：不同银行或有不同规定，详情以贷款银行规定为准。不动产登记中心会在房产证上盖上抵押注销章，其余材料由房屋管理机构留存。解除抵押完成之后，就可以进入正常交易流程。办理房屋解除抵押所需材料如表12-4所示。

表12-4　办理房屋解除抵押的所需材料清单

序号	需要的材料	备注
1	注销登记申请书	已加盖银行或抵押权人公章
2	解除抵押登记协议	
3	银行授权委托书	
4	不动产权证原件	无
5	他项权利证原件	
6	受托人身份证原件及复印件	

注：不同地区或有不同政策，详情请咨询当地不动产登记中心。

【案例】

2021年，山东某医药公司在兼并A医药公司时，发现A医药公司的所有房产、土地使用权均因贷款2亿元而处于抵押状态。在该医药公司向银行明确兼并会增加还款能力后，得到银行的大力支持。随后银行、不动产登记中心安排专人配合该医药公司办理解除抵押、不动产权证过户、再次抵押的全套手续，仅仅用了一天的时间就全部完成。

12.2.2　股权处于质押状态是否影响重组操作

股权质押是权利质押的一种，是以企业出资人的股权为标的的质押。以证券登记机构登记的股权出质的，质权自证券登记机构办理出质登记时设立；以其他股权出质的，质权自工商行政管理部门办理出质登记时设立。

如果企业重组涉及股权的变动，那么处于质押状态的股权就会影响到整个重组方案的实施。所以，要推进企业重组，先要解决股权质押的问题。办理股权解除质押手续，要遵循以下流程。

第一步，递交资料。

通过网上预约办理的，首先在政务服务网站选择"企业开办一窗通"，进行企业股权出质撤销或注销网上登记，填写相关信息后选择提交，并勾选窗口递交材料。

有些地区可以通过政务服务大厅窗口获取办理解除股权质押的明白纸，根据明白纸的内容收集相关资料。

第二步，办理解除质押手续。

携带资料去政务服务大厅窗口办理股权解除质押手续。股权解除质押申请书模板如表12-5所示。

表 12-5　股权解除质押申请书

□ 基本信息（必填项）			
股权所在公司名称		统一社会信用代码	
出质人姓名或名称		证照名称及号码	
质权人姓名或名称		证照名称及号码	
出质股权数额	币种：＿＿＿＿＿ 数额：＿＿＿＿万元／万股	质权登记编（设立登记不填写）	
□ 撤销登记（仅限撤销登记填写）			
质权合同被依法确认无效或者被撤销的法律文件：＿＿＿＿＿＿＿＿＿＿			

12.2.3　在重组中如何办理在建工程的产权转移

若重组业务涉及在建工程的产权变更，不同于其他已经办理好不动产权属证书的不动产，不但需要在重组协议中清晰列明在建的状态、移交时的状态，更需要办理大量证件的变更手续。

为在建工程办理不动产权属证书之前，会陆续获得不动产权证、建设用地规划许可证、建筑工程施工许可证、建设工程规划许可证、商品房预售许可证等证件。在重组过程中，对于企业已经获得的在建工程的这些证件，均需要办理户名的变更手续，办理时需要携带的资料与办理不动产变更时所需的资料类似。

为避免增加工作量及等待的时间，在企业重组开始前，如果时间允许，资产所在企业可以先办理产权证，然后再办理重组手续。

在建工程变更过户应履行以下程序。

（1）重组双方应对各项转让内容进行逐一清点、核查，或由专业评估机构对目标资产进行评估后确定转让价格，并在此基础上签订重组合同或书面转让合同。

（2）在相应行政机关办理相关过户登记。因项目公司主要资产转让减少注册资本的，还须通知债权人并在报纸上公告，项目公司在履行完相应债权债务关系后办理相应的注销手续。

（3）转受让双方应当自土地使用权变更登记手续办理完毕之日起 30 日内，持房地产开发项目转让合同到房地产开发主管部门办理备案手续。

（4）在建工程相关建设用地规划许可证、建筑工程施工许可证等部分或全部建设手续的更名审批程序。

（5）已签订的设计、施工、监理、银行抵押贷款、商品房预售等在建工程相关合同、协议的权利义务转移程序等。

并不是所有的在建工程都可以转让，在建工程转让应满足以下条件：

（1）按照出让合同约定已经支付全部土地使用权出让金，并取得不动产权证；

（2）按照出让合同约定进行投资开发，属于房屋建设工程的，完成开发投资总额的 25% 以上，属于成片开发土地的，形成工业用地或者其他建设用地条件（各地对此政策的理解不同，所以该条件是否必须满足才可以进行重组，需要与当地土地管理部门协调确认）。

因此，只要符合上述条件，并且不违反法律的相关规定，就可以按照上述程序办理在建工程转让。

12.2.4　分立新设与普通新设公司的办理手续一样吗

公司分立重组过程中，需要设立一个或多个新公司。那么这些分立新设的公司和普通新设公司在设立过程中，有没有不同之处呢？

这两种新设公司在办理工商登记时，分立新设的公司需办理的手续比普通新设的公司的要多一些。分立新设并不是从无到有，完全新成立的公司。分立新设公司的诞生取决于被分立公司已投入资产的剥离，其从诞生那一天起，就背负资产和负债。分立新设与普通新设公司注册登记的异同点见表 12-6。

表 12-6　分立新设与普通新设公司注册登记的异同点

序号	项目	分立新设公司	普通新设公司
1	名称核准	选定新公司名称，在政务服务网站或工商行政管理部门进行公司核名登记，取得核名通知书	
2	发布分立减资公告	发布被分立公司的分立减资公告，公告的主要内容包括新公司的注册资本情况、分立前被分立公司债权债务承担情况等	无须办理此手续
3	被分立公司减资登记	分立减资公告发布满 45 天后，如果没有债权人提出清偿债务或其他可能导致分立中止的事件发生，那么就可以办理被分立公司减资的登记手续	无须办理此手续
4	新公司设立登记	分立新设公司办理注册登记手续时，除提交新公司设立登记的资料外，还要一并提交被分立公司的相关资料	直接提交新公司设立登记相关资料即可

在办理普通新设公司的设立登记时，需要提交的法律文书主要包括：股东会决议、核名通知书、公司章程、法定代表人的个人信息证明等。分立新设公司办理设立登记时除了提交上述法律文书外，还需要提交的资料有分立协议、被分立公司股东会决议、公告报纸等。

12.3 重组中法、财、税的难点解析

企业重组应当做到合法合规。根据第 1 章的介绍，我们不难看出，国家对重组持鼓励态度，但目前法律法规对重组业务的具体规定并不特别详细。

对重组详细规定的是税收减免税相关政策文件，但是通常情况下，各地区重组业务量都不是特别多，税务人员也极少接触重组业务，导致大家对重组政策的理解容易出现偏差。本节将重点介绍容易出现理解偏差的内容。

12.3.1 重组后是否需要建立新账套

企业重组完成后，发生重组业务的重组企业、被重组企业以及重组企业的股东，都需要根据业务发生的情况进行相应的账务处理。涉及分立、合并等新设公司的情况时，还要根据新设公司的要求新建账套。重组后是否需建立新账套、原有账套如何处理等可参考表 12-7。

表 12-7 不同重组方式建账说明

序号	重组方式		是否新建账套	说明
1	企业合并	吸收合并	否	被合并企业将原有账套的数据，并入合并企业的账套后，原账套移交至合并企业存档
		新设合并	是	新设企业建立新账套，将被合并企业账套数据并入的同时将收到的被合并企业的原有账套存档
2	企业分立	存续分立	是	分立新设企业需要根据分立出来的财务数据建立新账套；被分立企业则将分立出去的财务数据在原账套中进行相应的账务处理，无须建立新账套
		新设分立	是	分立新设企业需要根据分立出来的财务数据建立新账套；被分立企业注销，应将账套交由其中一个分立企业存档保管

序号	重组方式	是否新建账套	说明
3	股权收购	否	不涉及新设企业，所以均无须建立新的账套。但涉及股权支付的，被收购股权的企业，会计政策和会计估计则需要按母公司的要求进行调整
4	资产收购	否	
5	债务重组	否	

有些重组业务并未涉及新设企业，但重组主体希望财务人员能够清晰核算重组后的业务情况，要求独立建立一套全新的、完善的、适合重组后企业发展的财务体系，包括重新启用新的账套。那么重组各方是否可以根据管理层要求，建立新账套呢?

在实务中，没有设立新企业，也是可以建立新账套的。建立新账套的目的是提高业务清晰度以及分清责任，新账套应与原有账套保持连贯性，不能通过启用新账套，而随意修改原始数据。

12.3.2　免税的方案一定是最优方案吗

【案例】

宝中公司是一家大型的食品加工企业，公司发展较快，急需扩大厂区。董事长王晋经过考察，发现海蓝集团正在处置全资子公司海蓝海洋食品公司的厂房及设备，符合宝中公司购置资产的要求。

海蓝海洋食品公司处于亏损的状态，海蓝集团停止食品公司经营并处置资产也是为了尽快止损。在首轮谈判中，海蓝海洋食品公司提出了不承担交易过程中的税款，并不低于 3000 万元成交价的要求。

王晋召集了公司的高管和财税顾问，商讨购买厂房和设备如何进一步谈判的事宜。集体讨论中，大家一致认为厂房交易的巨额税款是影响交易价格最重要的因素之一，最终形成两种交易方案。

方案一：直接购买海蓝海洋食品公司的厂房和大型的生产设备。

由于没有免税政策，这种方式下双方需要缴纳产权过户过程中涉及的各种税款，由于卖方不承担税款，那么交易中形成的各种税款都将计入交易金额中，这些税款包括增值税及附加税费、土地增值税、契税、印花税、企业所得税等。

方案二：由海蓝海洋食品公司清理掉除厂房及设备外的资产与负债后，宝中公司直接收购海蓝海洋食品公司的股权。

这种方式下只需要缴纳股权转让过程中的企业所得税。

选择哪个方案呢？看起来方案二的税收成本更低，但是海蓝海洋食品公司是否能处理掉这些负债，是否会出现诉讼纠纷、隐瞒债务等问题呢？这些都是宝中公司要考虑的事项。

宝中公司对海蓝海洋食品公司进行尽职调查后发现，海蓝海洋食品公司以前年度形成了大量的进项留抵税款，并且因为亏损严重，即使采用方案一，形成的所有税款仅仅是30万元左右。相比于有可能存在的风险，宝中公司立刻决定放弃方案二，采用直接缴税但没有风险隐患的方案一。

企业在进行重要资产的转移、股权架构的调整等一系列重大变革中，免税操作并不一定就是最好的操作方式，企业需要在风险成本与税收成本中进行量化计算，做好财税以及法律方面尽职调查后，再选择最适合企业的方案。

12.3.3 股东出资未到位对重组有何影响

企业重组的尽职调查中，对股东出资未到位的情况应当重点审查。股东出资未到位对重组方案的制定以及法律文书的内容撰写都会有一定的影响。股东出资未到位有两种情况：一种是股东未按公司章程规定的时间实缴到位；另一种是重组时，股东出资时间尚未到认缴期规定的最后期限。前一种情况，股东应当承担出资未到位给企业或给其他股东造成的损失，而后一种情况符合法律规定。在重组方案制定前的尽职调查中应区别对待两种股东出资未到位的情况。

1. 股东未按公司章程规定的时间实缴到位

股东应当承担出资未到位给企业或给其他股东造成的损失。为不影响重组拟达成的商业意图，重组项目组可采取两种操作。

（1）提醒企业管理当局向股东发出出资催缴通知。

（2）建议企业管理当局召开股东会，修改章程中的出资时间。

如果在尽职调查中发现有股东存在抽逃出资的行为，重组项目组应提醒企业管理当局向股东发出补齐出资通知，并督促股东及时将出资款交回企业。

如果股东未按公司章程规定的时间实缴到位，或者抽逃出资，那么这种股东出资不到位的情况就会导致下一任股东承担补齐出资的连带责任。

如果股权已经因出资瑕疵涉及纠纷，比如企业起诉出资不到位的股东履行出资义务，债权人起诉企业与瑕疵出资股东，要求企业清偿债务，股东在未缴纳出资本息范围内对此承担补充责任。在诉讼过程中，权利人会申请财产保全，对股权进行冻结。被冻结的股权是不能转让的，此时就不能达成股权收购的目的。

2. 重组时，股东出资时间尚未到认缴期规定的最后期限

在这种情况下，出资不到位并不影响重组的进行，由后续股东继续完成出资即可。但在重组协议中应该写清本次重组中，收购方股东收购的股权中，未出资到位的金额及比例以及出资到位的金额与比例各为多少。

12.3.4　如何应对债务人不同意将债务分立至新公司

【案例】

山东连胜有限公司决定将生物研发业务分立至新设的北京连研科技有限公司，山东连胜有限公司则保留生产生物制品业务。分立后两个公司在各自的领域专业化发展。

在分立方案草案确定后，销售部门与采购部门对所有的客户和供应商开展了一次沟通调查。调查结果是与分立债权相关的 8 个客户并不愿意配合此次分立业务，其欠付货款总额为 1230 万元。客户提出分立后的新业务，可以与北京连研科技有限公司重新签订合同，但之前的欠款仍会支付给山东连胜有限公司。

为清晰记录这 8 个客户的要求，重组项目组在分立方案中，将应分立至北京连研科技有限公司的 1230 万元的应收账款，改为应收山东连胜有限公司。而山东连胜有限公司应收 8 个客户的款项不分立至北京连研科技有限公司，而是在分立过程中增加对北京连研科技有限公司 1230 万元的应付账款。

虽然法律中规定，分立或合并后的公司仍需要承担分立或合并前公司债务的连带责任，并且分立后的公司也会签订承担连带责任的承诺书，但仍然会出现债权人不理解分立的法律规定、质疑债务人会打着重组的名义逃避债务、嫌麻烦而不愿意配合等情况。

积极与客户沟通非常重要，如果沟通不成，债权人、债务人不同意变更合同，那么债权人或债务人仍可与原有公司持续完成交易后，由原有公司将交易后的资金转移给重组方。但该项交易应在多长时间内将款项与重组方结算完毕，应在重组合同中列示清晰，未列示清晰的，可增加合同补充条款。

因时间性差异或者其他原因，一些债权债务的具体数据与客户、供应商的数据不符，重组前是否需要先进行对账，再进行重组呢？

大多数时候不需要对账后再做重组安排。这不但是因为对账受限因素太多，而且对账需要时间，会导致重组时间被拉长。所以一般情况下，会在重组协议中列明分立或者合并的业务范围，而与该业务相关的所有债权债务均在本次重组范围内。这样就规避了未及时入账的债权债务未纳入重组范围内的情况。

但对与本次重组直接相关的债权或者债务，则需要核对好双方的账目。比如债务重组业务，就需要提前明确截止到某时间的债权债务的具体金额。

12.3.5 重组业务中的不征增值税行为能否开具增值税发票

企业重组过程产生的资产产权变动，在计算增值税时一般有两种情况：一种是正常缴纳增值税，另一种是因满足不征税条件而无须缴纳增值税。发生产权变动的被重组企业如何开具增值税发票给重组企业，也分为两种情况。

1. 开具征税发票

如果重组行为不符合不征增值税条件，那么就需要依据转让资产的具体情况，按照适用税率在发生业务的当期开具增值税发票，正常申报缴纳增值税。

2. 开具不征税发票

如果重组行为满足不征增值税条件，那么对于转让的动产，不得开具不征税发票；对于转让的房产和土地使用权属于商品和服务税收分类编码简称中编码607"资产重组涉及的房屋等不动产"和608"资产重组涉及的土地使用权"项目，可以开具不征税发票，当期也无须对增值税进行纳税申报。不动产不征税发票样式如图12-1所示。

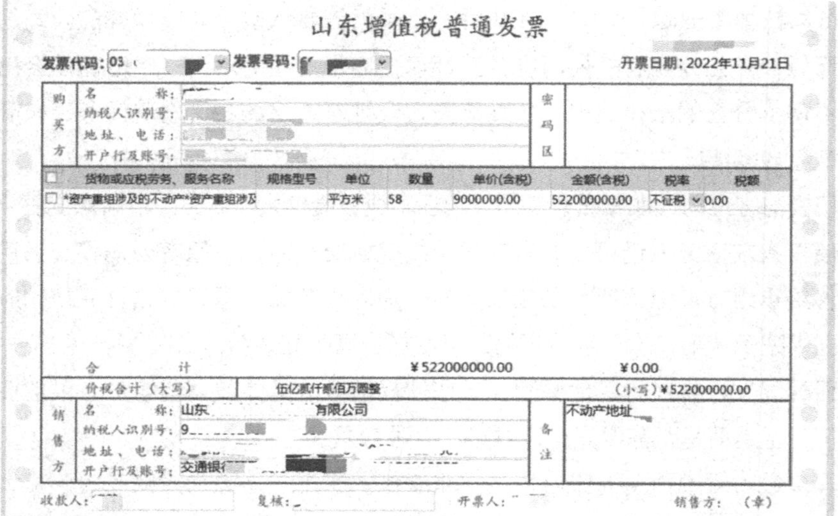

图 12-1 不动产不征税发票